Carlo Schmid · Wegmarken der Freiheit

# PROMENADE

Herausgegeben und eingeleitet von
Gert Ueding

# WEGMARKEN DER FREIHEIT

## Essays zu Literatur und Politik

von
Carlo Schmid

Klöpfer & Meyer

# INHALT

# EINLEITUNG

*Einen Homme de lettres in der Politik hat Iring Fetscher ihn genannt: und das ist, in Deutschland jedenfalls, ein Widerspruch geblieben bis heute. Wer sich mit Carlo Schmid beschäftigt, wird ihn tatsächlich schnell als einen Mann der Gegensätze kennenlernen: lebensgeschichtlich, in seinem geistigen Profil und seiner politischen Wirksamkeit gleichermaßen. 1896 in Perpignan geboren, als Sohn einer Französin und eines deutschen Lehrers nach der Übersiedlung der Familie nach Stuttgart 1908 von seinen deutschen Mitschülern gern als »der Franzose« tituliert, hat er früh den Widerspruch als bereicherndes, belebendes Moment begriffen, nicht etwa als Aufforderung zum Ausgleich, gar zur Anpassung. Das Studium der Rechts- und Staatswissenschaften in Tübingen war auch aus dieser Perspektive konsequent, denn wenn es eine Disziplin gibt, in der die dialektische Auseinandersetzung, die Fortbewegung durch den Antagonismus von Anklage und Verteidigung, von Recht und Rechtsabweichung, von Pro und Contra wesentlich zu Erkenntnisart und Methode gehören, dann ist es die Jurisprudenz.*

*Den Widersprüchen ist Carlo Schmid auch späterhin treu geblieben – oder soll man gar sagen: sie sind* ihm *gefolgt bis ans Ende? Widerspruchsgeist jedenfalls bestimmte sein Verhältnis zum Nazistaat, der ihn ins berufliche Abseits stellte, bis er ihn als Kriegsgerichtsrat nach Lille beorderte, wo er sich mehr mit seinem französischen Mutter- als etwa dem deutschen Vaterlande identifizierte und sich für die Bevölkerung einsetzte, wo immer ihm das möglich war. Wenn ihm Zeit blieb, frischte er seine Liebe zu Hölderlin und George auf und übersetzte Baudelaire und Calderón ins Deutsche. Und dieser gebildete Jurist und Schriftsteller, Liebhaber der modernen L'art-pour-l'art-Lyrik, Kenner der französischen und deutschen Philosophie, Rousseaus, Fichtes, Hegels oder des Existentialismus, wird sich nach dem Kriege ausgerechnet der SPD anschließen! Aus Neigung hat er es auch gewiß nicht getan. Aber seine Analyse der jüngsten deutschen Geschichte war zu dem Ergebnis gekommen, daß die Politikferne der Intellektuellen, die politische Naivität der Schriftsteller und Philosophen (das Exempel Heidegger), die hochmütige Distanzierung der gebildeten Schichten vom trivialen Zeitgeist ein wirkendes Moment dieser Geschichte gewesen waren. Abseitsstehen, das Dasein des Gelehrten im akademischen Elfenbeinturm verboten sich nach solcher Einsicht. Doch welche Möglichkeiten gab es denn? Die konservativen Parteien versuchten ein bankrottes Erbe neu aufzupolieren: Literatur, Philosophie, Kunst gaben die schmückende Ornamentik ab, die das kleinbürgerliche Ressentiment dahinter oftmals mehr ans Licht brachte als verbarg – die späteren Ausfälle gegen die Gruppe 47 oder den »Pinscher« Hochhuth machten den wirklichen Ungeist des neuen deutschen Konservatismus auch weithin sichtbar. Die Linksparteien dagegen zeigten sich nach wie vor in ihr orthodox-marxistisches Erbe verbissen. Auch wenn sie ihr Teil am Scheitern der Weimarer Republik hatten und es ihnen nicht gelungen war, dem Nationalsozialismus eine die Mehrheit überzeugende politische Alternative entgegenzusetzen, so hatten sie sich doch längst nicht so diskreditiert wie die bürgerlichen Fraktionen und entsprachen der antikapitalistischen Einstellung Schmids, der schließlich schon als Student einer sozialdemokratischen Organisation angehört hatte. So wurde er SPD-Mitglied, baute die Partei im Südwesten neu auf, fungierte sogleich als ihr Landesvorsitzender. Schon die erste Rede, die er hielt, auf dem Gründungsparteitag 1946 in Reutlingen, entwarf allerdings das Zukunftsbild einer sozialdemokratischen Partei, die mehr am englischen Labour-Party-Beispiel als am deutschen Sozialismus orientiert war und in dem marxistische Klassenkampf-Rhetorik ebenso fehlte wie der platte Ökonomismus, dem die meisten Genossen bieder und unverbrüchlich anhingen. Carlo Schmids Entscheidung für die Sozialdemokratie folgte der pragmatischen Überlegung, daß in der »Drecklinie der politischen Parteien« das kleinere Übel mit den besseren Zukunftsaussichten allen anderen vorhandenen Alternativen vorzuziehen sei. Er hat wohl die Macht des Apparats, der Funktionäre unterschätzt. Jedenfalls blieb er ein Fremdkörper in der »alten« SPD, als bürgerliches Aushängeschild gebraucht; allenfalls einmal im Vorhof der Macht geduldet (als Bundesrats-Minister im Kabinett Kiesinger), aber von den entscheidenden Ämtern ferngehalten, riefen selbst seine rednerischen Glanzleistungen mehr Mißtrauen als Zustimmung bei den Funktionärsgenossen hervor.*

*Und doch gibt es kaum einen anderen SPD-Politiker nach 1945, der zum Umbau der alten Arbeiter- in eine moderne Volkspartei so viel beigetragen hat wie Carlo Schmid. Ich meine damit nicht einmal allein das Godesberger Programm, das so stark seine Handschrift trägt, sondern diejenige SPD, die heute unangefochtener denn je die politische*

*Macht in Deutschland stellt und sich selbst als mehr zur Mitte hin denn nach links orientiert versteht. Gewiß gibt es eine Kehrseite dieser Ausrichtung, denn wenn sie ein neues Terrain besetzt hat, so hat sie notwendigerweise ein altes preisgegeben – und dies allerdings Zugriffen ausgesetzt, die kaum Carlo Schmids Beifall gefunden hätten.*

*Das Denken in Widersprüchen, das Durchhalten der gedanklichen, kulturellen Paradoxien und das intellektuelle Ausprobieren, Ausschreiten der Gegensätze gehören zu einem geistigen Profil, das in jeder politischen Sphäre fremd und sogar gefährlich wirken muß: es bringt Unsicherheit in die Reihen, lädt zum Abweichen ein und kultiviert jene Unzuverlässigkeit, von der Brecht geredet hatte, die zwar schöpferisch ist, aber keine Wähler bei der Stange hält. Was ihn politisch schwächte, ist die Stärke des Redners, des Essayisten Carlo Schmid geworden. Vom Tübinger Freunde Theodor Eschenburg stammt das Urteil, Schmid habe »von Anfang an Kulturpolitik getrieben. Er war bis zu einem gewissen Grad ein Universalist.« Seine politischen und literarischen Essays bestätigen das Diktum aufs beste. Ein Europa als allein wirtschaftliche Tatsache wäre ihm, dem Europäer mit humanistischer Bildung und Gesinnung, unvorstellbar gewesen. In seinen Essays ist das europäische Kulturverständnis lebendig geblieben, und wenn in ihnen soviel vom »Geist« die Rede ist, meint der Terminus nicht etwa jene verwaschene Chiffre metaphysischer Herkunft, mit der sich jede Trivialität aufdonnern läßt, sondern ist als politisch-utopisch prinzipieller Begriff gemeint. In ihm konzentriert sich die Erbschaft des europäischen Humanismus, doch nicht rückwärtsgewandt, sondern als Verpflichtung und politische Handlungsmaxime, gerade das Beste auf dem Weg in die*

*Zukunft nicht etwa zu vergessen. Dazu gehört auch jene Tugend, die die Kardinaltugend des Essayisten seit Montaigne geblieben ist und die Carlo Schmid selber auf die Sentenz gebracht hat: die »Fähigkeit des Infragestellens aller Dinge, auch das Infragestellen des Fragers selbst.«*

Gert Ueding

# POLITIK UND GEIST

# I

»Politik und Geist« ... was ist das für seltsame Verbindung? Wie kann man über zwei Dinge reden, die sich ausschließen: der Geist – dieser Atem der vita speculativa, des sich selbst denkenden Lebens –, der sich in sich selbst erfüllt; die Politik, diese höchste Intensivierung der vita activa, des Lebens der Tat, das sich nirgends in sich selber zu erfüllen vermag, sondern nur Aktivität ihr vorgegebenen Stoffen gegenüber ist; der Geist, der keinem Zwecke dienstbar ist und nur die Frage nach wahr und falsch kennt; die Politik, die nichts anderem dient als Zwecken und in deren Bereich nur die Frage nach zweckmäßig und nicht zweckmäßig gestellt werden kann. Wie soll man diese beiden Welten miteinander verbinden können?

Nun, wir meinen, daß eine Verknüpfung recht gut hergestellt werden könnte, ja, recht eigentlich immer hergestellt werden müßte – eine Verbindung, die man durch die Frage schaffen kann: Können Ziele, Formen, Inhalte, Methoden des Politischen vom Geiste her gesetzt und bestimmt oder zumindest gerechtfertigt werden? Ja, sollte Politik nicht eigentlich schlechthin eine der Formen sein, in denen das Walten des Geistes geschichtsmäßig wird?

Was heißt denn nun eigentlich »Politik«? Man kann das Ganze des damit Erfragten widerspruchsfrei im Grunde nur in der recht allgemeinen Feststellung ausdrücken: Politik ist Gründung und Erhaltung des Staates; ist Gestaltung – Lockerung und Verdichtung – seines Gefüges; ist Ordnung der Beziehungen von Staat zu Staat; vor allem aber: Politik ist die Bestimmung des Verhältnisses des Menschen zum Staate selbst. Politik ist aber auch der richtige, vom erkennenden Verstande und der Sorge um die anvertrauten Menschen gelernte Umgang mit der Macht.

Damit kann der Geist auf die verschiedenste Art zu tun haben. Es fängt schon damit an, daß einer oder ein Volk das Wechselspiel der Kräfte, die im Gefüge des Staates wirken, im Wissen um den inneren Rang und Wert der Möglichkeiten und Geschehnisse handhabt, sowie in der Erkenntnis ihres Ortes innerhalb des großen Flusses der Zeit und eingedenk ihrer Rückwirkung auf den Menschen und dessen Bewußtsein von sich selbst. Das ist schon sehr viel, aber es ist nicht alles, was unsere Frage aufruft. »Geist und Politik« kann auch heißen: Kann nicht das Politische in seinem Inhalt und in seinen Formen Gegenstand und Ausdruck der Entfaltung des Geistes selbst sein? In dem Sinne nämlich, daß sich das Wissen des Menschen um seine Bestimmung, um seinen Ort in der Weltzeit, in die er geboren ist, in politische Taten, zumindest in politischen Gestaltungswillen umsetzt.

Diese vom Geiste her bestimmte Tat kann wie bei Cäsar oder Augustus, Friedrich oder Wilhelm von Oranien unmittelbares Handeln aus der Macht heraus gewesen sein. Sie kann aber auch darin bestehen, daß einer das Wesen des Politischen so erkannt und erhellt hat, daß seine Erkenntnisse das Tun der Menschen im Bereich des Politischen zu steuern vermögen wie im Kompaß, nicht wegen der Gelehrsamkeit, die in den Büchern eingefangen sein mag, sondern weil die Menschen darin einen neuen Atem, ein neues

Bewußtsein ihrer selbst, ein neues Wertbewußtsein gefunden haben. So war, was durch Platon, Augustinus, Machiavelli, Wilhelm von Humboldt geschrieben ward, politisches Wirken aus dem Geist. Dieser Männer Werk war nicht nur Reflexion – es wurde Tat aus dem Geist. Was sie gaben, war nicht stumpfes Abbild bloßer Erfahrung: es führte weit über sie hinaus und eröffnete damit neue Denk- und Erlebnisformen und damit auch neue Gestaltungskräfte. Aber das konnte nur darum so sein, weil sie nicht nach den Wolken schauten, sondern fest auf dieser Erde standen, deren bestimmende Wesenskräfte zu verändern ihnen nicht beifiel.

Dies grenzt jene Geisttäter ab gegen die Utopisten, die ihre Denkbilder entwerfen, nicht um diese Welt nach dem Maße des Menschen einzurichten, sondern um die Menschen aus dieser Welt hinauszuführen auf selige Inseln oder in einen Sonnenstaat, wo sie frei von aller Last der Schicksalsschwere ein Leben sollten führen können, das außerhalb der Geschichte liegt und dem Gesetz ihrer Schwerkraft nicht unterliegen wird. Die Utopien haben wohl zu allen Zeiten die Einbildungskraft der Menschen angeregt und ihre Gläubigen gefunden, aber die Flucht aus dem Kräftefeld der Geschichte führt nicht zu geläuterter politischer Erkenntnis und zur politischen Tat aus dem Geiste, sondern öffnet, wie Machiavelli uns sagt, den Bösewichten, die, solange die Utopisten spekulieren, handeln, den Zugang zu den Hebeln der Macht. Dies grenzt aber auch die Geisttäter ab gegen die bloßen Denktechniker der Politik, jene also, die die beste und wirksamste Methode der Bewältigung der Widerstände untersucht und ausgebildet haben, die jener antrifft, der seinen Gestaltungswillen im Felde der Geschichte, also im Staate, zur Entfaltung bringen will. Auch hierbei kann recht viel Geist zur Auswirkung kommen – es ist aber der »kleine Geist«, der Geist des Mephistopheles, und nicht der lebendige Geist, der uns das Brot des Lebens reicht. Die Offenbarung dieses lebendigen Geistes aber geschieht nicht in beliebigen Augenblicken, sondern hat je und je ihre geschichtliche Zeit.

## II

Betrachten wir den Lauf der politischen Geschichte dieses Abendlandes, dann finden wir eine Reihe von Themen, deren Variationen den konkreten Inhalt der Tiefenschicht der politischen Auseinandersetzung innerhalb der einzelnen Epochen ausmachen. Wo das Politische sich wirklich an die Fundamente wagt, ist Geschichte fast immer identisch mit den Wandlungen des Selbstverständnisses und Weltverständnisses des Menschen. Es gibt keine wirkliche geschichtsmäßige Zeit, deren Politisches nicht Verlängerung oder Abspiegelung der großen Ideenkämpfe gewesen wäre.

Die klassische griechische Zeit und ihre Politik beginnen damit, daß die Menschen zu überlegen anfangen, ob der Staat etwas »An-und-für-sich-seiendes« sei oder Menschenwerk – ob also der Mensch den Staat antreffe und ihm daher durch göttliches Gebot schlechthin unterworfen sei, oder ob der Staat etwas durch den Menschen um bestimmter Zwecke willen Geschaffenes sei. Ist es so, dann ist der Staat dem Menschen unterworfen und kann der Mensch also folgerichtig das geschichtlich Gewordene, das von ihm Bewirkte nach seinen Zielsetzungen ändern. (Vor allem aber, er braucht vom Staate nur zu dulden und hinzunehmen, womit er sich selber vorher einverstanden erklärt hat, oder was der Staat ihm gegenüber als der absolut Stärkere zu erzwingen vermag, wogegen der Einzelne natürlich das Recht des Widerstandes haben muß.)

Sokrates und Platon haben sich dafür entschieden, im Staat das Primäre zu sehen: Der Mensch ist in seinem Wesen durch den Staat bestimmt. Die Sophisten haben den Staat in die Sphäre der vom Menschen für die Wahrung seiner Wohlfahrt gezimmerten Instrumente herabgezogen und damit den Weg sowohl für die Degradierung der Demokratie zur anarchistischen und launischen Herrschaft des großen Haufens als auch für die die Massen benutzende und die Massen domestizierende Tyrannis frei gemacht.

Gleichzeitig sucht und findet man Kriterien für das, was den rechten Staat ausmacht und damit Inhalt des Politischen sein muß. Platon und Aristoteles sahen dieses Kriterium in der Gerechtigkeit. Aber wie verschieden ist, was jeder von ihnen darunter verstand! Für Platon ist jener Staat auf Gerechtigkeit gestellt, dessen feste, der Willkür der Menschen entzogene Fügung den Bürgern den Raum und die Kraftströme bereitet, die sie tätig zu dem werden lassen, was sie wesensmäßig sind. Für Aristoteles aber ist die Gerechtigkeit ein Ordnungsprinzip, das die rechte, dem Einzelnen und der Gesamtheit der Menschen zuträglichste Verteilung der Güter und die Zuordnung des rechten Platzes des Einzelnen in Staat und Gesellschaft bewirken soll.

Damit ist zugleich die Frage gestellt: Gibt es den schlechthin richtigen Staat, dem gegenüber alle anderen Möglichkeiten, Staat zu sein, falsch sind? Oder gibt es nur den der jeweiligen Lage besser oder schlechter angepaßten Staat, also den mehr oder weniger brauchbaren Staat? Für Platon gibt es nur den einen richtigen Staat, dem gegenüber alle andern nicht unzweckmäßiger, sondern »Nichtstaaten« sind. Für Aristoteles gibt es eine Menge staatlicher Möglichkeiten, und es ist Sache der Menschen, sich für ihre Zeit und ihre Zwecke das brauchbarste Modell herauszusuchen.

Von dem einen Ansatzpunkt führt der Weg notwendig zum Totalitarismus. Platon ist einer seiner Väter. Über Aristoteles aber können wir zum demokratischen Rechtsstaat kommen, der dem Menschen die freie Selbstbestimmung läßt.

## III

Für Platon und Aristoteles war der Mensch noch das Produkt der Polis, des isolierten Staates, in den ihn das Schicksal hineingeboren hat. Die Taten Alexanders des Großen haben die Enge der griechischen Staatenwelt gesprengt, und alsbald warf sich vor den Griechen die Frage auf: Was ist es denn, was den Menschen bestimmt? Ist es wirklich die Schicksalsbeziehung zum geschichtlichen Staat, ist es nicht vielmehr die gemeinsame Teilhabe an der allgemeinen Weltvernunft? Damit wird es aber unmöglich, die Bestimmung des Menschen sich im geschichtlichen und isolierten Staat erfüllen zu sehen; dann kann sie sich nur in der Bewältigung von Menschheitsaufgaben erfüllen. Dann kann aber auch die Welt nicht ein Bündel sich bekämpfender und ausschließender Staaten sein, dann muß die Welt selber ein Ganzes sein, eine Oekumene, ein einziges Haus, in dessen Mauern die Nationen nicht mehr als die einzelnen Wohnungen.

Mit dieser Vorstellung erst wird es möglich, Politik zu anderen Zwecken als denen der Machtergreifung in einem engen Staatsgehäuse oder zur Eroberung, Unterwerfung, Versklavung oder Ausrottung anderer Staaten zu machen.

Nunmehr ist es möglich, Politik zu verstehen als die Bemühung um die Wohlfahrt alles dessen, was Menschenantlitz trägt, und die missionierende und imperiale Ausbreitung alles dessen, was wir heute die Zivilisation nennen. Gleichzeitig hat diese Lehre der Stoiker das Verhältnis des Menschen zum Staat unendlich versittlicht und gerade den Gebildeten – also jenem Typus Mensch, der sich von den politischen Dingen eher abgestoßen fühlen muß – einen starken Mut zum Staat gegeben. Denn von dieser Weltsicht aus kann sich der innere Rang des Menschen nur nach dem Grade seines Einsatzes für das Wohl der Menschheit bestimmen. Freiheit ist dann nicht mehr, wie bei den Sophisten, Freiheit *vom* Staate, sondern die von der Vernunft aus der bloßen geschichtlichen Determiniertheit erlöste Freiheit *zum* Staat.

Dieses stoische Staats- und Weltbewußtsein ist immer wieder lebendig geworden, und für das meiste dessen, was wir im guten Sinn die preußische und auch die christliche Staatsethik nennen, haben die Stoiker den Grund gelegt.

## IV

Es ist die Leistung der Römer gewesen, aus den Denkbildern und Impulsen der neuen Geistigkeit politische Wirklichkeit zu machen. Und hier zeigt es sich mit am stärksten, wie mächtig überkommene Vorstellungen und Antriebe auch auf dem politischen Felde vom Geiste her verwandelt und umgelenkt werden können. Dem Römer der alten Zeit war der Sinn der Politik Erhaltung des überkommenen Staatsgefüges und seiner differenzierten Ordnung im Inneren sowie die Ausbreitung des Siedlungsgebietes auf Kosten der Nachbarn. Der Einzelne hatte dabei ein Patriot zu sein, d.h. einer, der für das Ganze steht und Opfer bringt, die ihm oder seinen Erben als einem Teil des Ganzen wieder zugute kommen werden. Der Staat gab ihm den Raum und die Anlässe für große Taten: Überwindung des starken und tapferen Feindes und Überwindung seiner selbst. Diese Tugend war die Virtus, die vollentfaltete, von der Vernunft gesteuerte Kraft des starken Herzens, das sich vor den Gewalten der widrigen Welt nicht beugt und seinen Sinn in der siegreichen Durchsetzung der eigenen Willenskräfte im Dienst des Staates, also des Verbandes der Schicksalsgefährten findet. Romanum est agere et pati fortia.

Doch über die Scipionen kam die Lehre der Stoa nach Rom und hat nach einem Jahrhundert geistiger Durchdringung das römische Staatsgefühl von Grund auf gewandelt. Cicero hat ihm den gültigsten und populärsten Ausdruck gegeben. Danach soll der Staat nicht mehr eine bloße, durch die Geschichte zusammengeschmiedete Schicksalsgemeinschaft sein, sondern zum Staat sollen alle jene gehören, die sich um der Förderung der gemeinsamen Wohlfahrt willen aus der Erkenntnis des gemeinsamen Nutzens verbunden wissen wollen. Im Dienst an dieser gemeinsamen Wohlfahrt soll sich fortan die Virtus romana entfalten und erweisen. Weil es aber sittlich geboten ist, den Bereich, in dem die Postulate der Wohlfahrt herrschen, auszudehnen, deshalb kann es sittlich geboten sein, in imperialer Ausweitung des römischen Herrschaftsbereiches diese Wohlfahrt im Zuge von Eroberungen auch den Völkern zu bringen, die sie von sich aus gar nicht wollen.

So wird neben der Wohlfahrt der Friede in Waffen, ein männlicher Friede, in die Welt einziehen, die Pax romana, die nicht nur Abwesenheit von Krieg, also Schließung der Pforten des Janustempels bedeutet, sondern aktive Zivilisierung der Welt im Namen der Humanität.

Der Altrömer Tacitus hat darüber gespottet, als man mit solchen Gedankengängen die Eroberung Britanniens durch Agricola rechtfertigen wollte: »idque apud imperitos humanitas vocavit, cum pars servitutis esset«. Durch diesen bissigen Einwand hat er am besten gezeigt, in welchem Maße die Idee der Humanitas als Staatszweck von der praktischen Politik Roms Besitz ergriffen hatte und wie im politischen Raum etwas vom Geiste her neu geschaffen worden ist, das durch die angebliche Eigengesetzlichkeit des Politischen nicht erklärt werden kann.

Natürlich hat es sich auch hier ergeben, daß Interessen und in ihrem Kern geistabstoßende Realitäten das Bild trübten; manches, das als Idee in diese Welt kam, wurde zu einer Ideologie, also selber zu einem Machtinstrument. Es wird uns auf dieser Welt nie anders gehen. Aber beweist nicht gerade der Umstand, daß man glaubt, im politischen Kampf sich gewisser Ideen bedienen zu können oder gar zu müssen, wie mächtig sich sogar mißbrauchter Geist in der Politik auszuwirken vermag?

## V

In diese Welt brach das Christentum ein, und alsbald war für den Mann, der sich vom neuen Glauben aus dem Staat und damit der Politik widmen wollte, eine neue Fragestellung gegeben: Wie können denn die Sätze zusammengebracht werden: »Mein Reich ist nicht von dieser Welt!« »Gebt dem Cäsar, was des Cäsar ist!« »Seid untertan der

Obrigkeit!«? Und wie können in der harten Welt des Politischen die Gebote der Bergpredigt lebendig werden, die doch geradezu die Verneinung ihrer Voraussetzungen sind? Kann der Christ, dem es aufgegeben ist, nach dem Reich Gottes zu trachten, sich dem Staate ergeben, dieser Welt der List und der Gewalt? Kann, wer nach dem Reiche Gottes trachten will, dem Staat alles das einräumen, was der Staat vom Menschen fordern muß, wenn er bestehen soll?

Damit war ein Problem gestellt, das die Geschichte und damit die Politik des ganzen Mittelalters bestimmen sollte und das auch heute noch – vor allem in Deutschland – ein Problem ist, an dessen Ungelöstheit wir leiden und das vielleicht auf der Grundlage unserer Tradition gar nicht zu lösen ist. Auch hier hat es Amerika besser. Augustinus hat den geschichtsmächtigsten Weg aus diesem Dilemma gefunden. Augustinus hat den Staat nicht zum Teufelsreich erklärt. Die empirische Rechtskirche hat er nicht zum Gottesstaat erhoben. Der Gottesstaat liegt in der Transzendenz; der Umstand, daß er in die Zeitlichkeit hineinragt, enthebt die ihm Angehörenden nicht der Botmäßigkeit unter die irdischen Obrigkeiten und unter das Recht des Staates. Der Staat aber ist ein Stück Natur, in sich selber weder gut noch böse. Gut und böse wird er durch den Gebrauch, den die Menschen von ihm machen. Es gibt keinen christlichen Staat, es gibt nur eine christliche Kirche. Der Staat hat die Aufgabe, für Friede und Recht zu sorgen, nicht nur um der Wohlfahrt der Menschen willen, sondern auch um der Kirche den Raum zu schaffen, dessen sie für ihr geistiges Regiment und ihr spirituelles Wirken bedarf.

Die große Geschichte des Mittelalters ist im Grunde nichts anderes gewesen, als ein Kampf um die richtige

Auslegung der Lehren des Augustinus. Und es gibt nicht viel politisches Schrifttum, das passionierender zu lesen wäre als die polemischen Schriften dieser Zeit. Ist die Kirche dem Staat untertan? Ist der Staat der Kirche untertan? Ist der Bereich des Sakralen ausschließlich im Raume der Kirche oder gibt es von der Offenbarung Aufgegebenes auch unter der Jurisdiktion des Staates? Durchdringen sich beide Bereiche? Und wenn es so ist, wer entscheidet im Konfliktsfalle?

Zunächst galt auch der Kaiser als vicarius Christi, denn zwei Schwerter hat Gott in die Welt gegeben, eines dem Kaiser, eines dem Papst. Als solcher, als Mitstellvertreter Gottes auf Erden hielt sich der Kaiser für die Kirche mitverantwortlich und nahm daher das Recht der Investitur der Bischöfe in Anspruch. Der Papst erklärte das aber für Simonie, d.h. für eine Vermengung des sakralen Bereiches mit weltlichen Interessen. Das Ergebnis dieses unerhörten Kampfes – bei dem wahrlich die Heerscharen über den Wolken mitstritten – war die endgültige Verweltlichung des Staates und die Verrechtlichung der Kirche, die, statt den Staat zu durchhellen, immer mehr ein Staat im Staate wurde.

## VI

Diese Säkularisation des Staates hatte die weitreichendsten Folgen. Während man vorher den Staat großenteils vermittelst der mächtigen Symbole zu begreifen suchte, in denen sich die Spiritualität der Zeit ausdrückte, nimmt man ihn von nun an nur noch als ein Stück Natur, und die Natur – genauer die Körperwelt und ihre Gesetzlichkeiten werden nunmehr der Brunnen, aus dem die Erkenntnis vom Staate fließt.

Wenn der Staat nur Natur und damit etwas Naturgesetzen Gehorchendes ist, und so nicht an der Übernatur teilhaben kann, dann können auch die Gebote, die sich an den Menschen als ein beseeltes und vernunftbegabtes Wesen richten, für den Staat nicht gelten; dann muß er ja moralisch wertfrei sein. Dann gibt es Gut und Böse für ihn nicht, sondern nur noch angepaßtes und nicht-angepaßtes Verhalten. Nicht die Mittel heiligen den Zweck, sondern der Zweck heiligt die Mittel.

Wenn aber der Staat in diesem Sinne Natur ist, dann gibt es, wenn richtig gehandelt werden soll, offenbar ein zwangsläufiges Verhalten. Wer in anderer als der naturgewiesenen Richtung gehen will, muß notwendig scheitern. Am schlimmsten aber ist die via del mezzo: d.h. die Vermischung von Idealismus und Zweckhaftigkeit in unserem Tun.

Was die Menschen anlangt, so sind sie als Massenwesen auch Natur, d.h. den Naturgesetzen unterworfen, etwas, das reagiert wie die Körperwelt. Sie handeln auf Grund von Affekten, und da man Affekte nicht durch Vernunftgründe auflösen kann, kann man die Menschen nur durch Überlagerung oder Bewältigung ihrer Affekte lenken. Politik wird nunmehr eine Technik zur Bewältigung der Massenaffekte, zu ihrer Bewältigung oder ihrer Ausnutzung. Welches sind nun diese Gesetze der Politik? Machiavelli suchte sie in der antiken Physiologie, vor allen Dingen in der Lehre des Galenus: der Staat verhält sich wie der menschliche Körper; er hat seine gesunden und seine kranken Zeiten. Wie dieser ist er Krisen unterworfen, die entweder tödlich sind oder, wenn sie auf den rechten Arzt treffen, zur Reinigung und zum Neuaufbau des Organismus führen können. Zu Zeiten bedarf der Staat der Bürgertugend; zu Zeiten aber des Tyrannen, der mit Messer und Gift wie ein Arzt und Chirurg die kranken Teile ausbrennt und ausschneidet.

Diese Vorstellungen bestimmen seine Lehre von der Politik, und er hat diese mit soviel Geist entwickelt, daß auch heute noch kaum einer sich ihrem Einfluß entziehen kann.

Die Nachfolger Machiavellis suchten die Natur weniger im belebten Körper als in der unbelebten Körperwelt, die der Physiker beobachtet. So wie Galilei und später Newton die Gesetze der mechanischen Physik fanden, so suchen die großen Denker im politischen Bereich auf Grund der von den Physikern entwickelten Methoden das Naturgesetz des Politischen und sie finden dabei Sätze von ähnlicher Prägnanz wie es der Satz von der Schwerkraft, von der Trägheit, vom Vakuum, dem Gleichgewicht usw. ist.

Dieser Wandel im Bewußtsein des Politischen ist von unerhörter Tragweite gewesen. Erst damit begann die Möglichkeit, Politik in ein System zu bringen und weithin für berechenbar zu halten. Das Moralische und das Religiöse geht aus dem politischen Bereich heraus und an seine Stelle tritt die herzlose Staatsräson und das Kalkül. An die Stelle der Idee tritt die meßbare Realität. Dem Politiker ist alles erlaubt, was seinem Staat und der dort herrschenden Gewalt nützt; die Erhaltung und Ausbreitung der Macht wird oberstes Gesetz.

## VII

Ihren Gipfelpunkt erreicht diese Entwicklung im Barock. Hier wird der Staat ganz zum Produkt des Denkens und die Politik zu einer Art von Geometrie, wie der Tanz zum Ballett und das Raufen zum Fechten nach Regeln wird. Der Staat wird zum Sinn seiner selbst und der Zweck seiner Existenz ist die Durchsetzung und die Darstellung seiner selbst. Nirgends ist dies reiner zur Entfaltung gekommen als im Frankreich und im Spanien des Barock, wo der Staat nichts anderes war als Darstellung seiner eigenen Majestät. Daher die Prunkbauten; daher aber auch Corneille und Racine, Calderon und Lope; daher auch die Akademien, in denen die Sprache zum Selbstzweck wurde, und daher auch die vielen, vielen Kriege. Der Gesinnung und dem Wert l'art pour l'art entsprechen Gesinnung und Wert à la guerre comme à la guerre. Dieser Staat hat einen neuen Typus Mensch hervorgebracht: den Beamten und den Offizier, zwei Stände, deren Aufgabe es war, sich im herrscherlichen Dienen und in Gehorsam und Befehl zu erfüllen und zu verzehren, und zwar für den Staat schlechthin, weswegen es möglich war, den konkreten Staat, dem man dienen wollte, zu wechseln und dem neuen Staat mit der gleichen Hingabe zu dienen, wie dem alten, aus dem man kam. Dort, wo dieser Typus rein ausgebildet wurde, wich das Menschliche in seinen Trägern immer mehr zurück, und an seine Stelle trat die Sachlichkeit, die sich nur vom Gesetz der Situation und dem Zweck regieren läßt. In einzelnen Gestalten der Zeit hat das wiederum zu mächtiger menschlicher Größe geführt, allerdings einer Größe in Einsamkeit und Kälte. Ich nenne nur Wilhelm von Oranien und seinen Spruch: »Es ist nicht not, eine Hoffnung zu haben, um ans Werk zu gehen; es ist nicht not, Erfolg zu haben, um am Werk zu bleiben«. Freilich hat dies in den untern Regionen den Typus der subalternen Unmenschlichkeit mitschaffen helfen ...

## VIII

Das folgende Jahrhundert hat dieses Erbe übernommen, und das Wort »Pflicht« bekommt nunmehr in Bezug auf den Staat und das Politische einen besonderen Klang.

Auch das Jahrhundert der Aufklärung nimmt die Welt des Menschlichen als Natur, aber die Natur ist für sie nichts, das man einfach hinzunehmen hätte: sie unterliegt der Herrschaft der Vernunft. Diese aber kann nicht nur an der Natur herumgestalten, also an ihren Rändern wirken – sie kann die Natur selbst verändern, wenigstens dort, wo es sich um die Natur handelt, die im Menschen wirkt. Es ist aber vorzüglich der Sinn des Staates, die Natur zu korrigieren; und Politik ist nichts anderes als die tätige und gestaltende Anwendung der Vernunfterkenntnisse auf die angetroffene Natur. Wissen ist Macht, die die Wirklichkeit zu verändern vermag, und vom Wissen her sind die Staaten zu regieren und sind die Beziehungen der Staaten zueinander zu ordnen. Voltaires und Friedrichs des Großen Namen sind hier zu nennen.

Politik wird nunmehr weitgehend Verwaltungskunst und Wohlfahrtsstreben und Bemühung um Befreiung des Geistes von den Fesseln der Geschichte und der Tradition. Wo die Regierungen dieser Entwicklung widerstreben, stehen die Völker auf. Die britischen Kolonien in Amerika machten den Anfang und versuchten, gegen das Reich der Geschichte das Reich der Vernunft aufzurichten.

Für die anderen aber – Rousseau und die Enzyklopädisten – liegt die Vernunft gerade in der Natur. Es gilt die Natur zu entfesseln und rein herzustellen, und überall, wo das gelingt, wird die Vernunft selbst entbunden sein. Die

Geschichte und damit die Politik ist es, was die Menschen und die Staaten verdorben hat. Ihre Werke sind aufzulösen, und es wird sich zeigen, daß der Mensch gut ist. Diese zu ihrem Gutsein wieder zurückgeführten Menschen braucht man aber nur noch nach der Stimme in ihrer Brust walten zu lassen, und es wird auch die Welt gut werden; Politik wird dann nichts anderes sein als eine der Entfaltungsformen der Naturvernunft. Man wird im Grunde der Politik überhaupt nicht mehr bedürfen, die Gesellschaft wird sich selbst regulieren. Wohin man mit diesem Optimismus gekommen ist, hat die Französische Revolution in ihren blutigsten Phasen gezeigt.

Es war eine zwangsläufige Entwicklung, daß im Zuge der Französischen Revolution der Staat zu etwas anderem werden mußte als einem Ding an sich. Wenn wirklich die Natur die Grundlage aller politischen Bewegungen und Bildungen ist, dann muß auch dem Staat etwas Naturhaftes zu Grunde liegen und muß dieses sein eigentlicher Inhalt sein. Man fand diese Natur des Staates im Volk, in der Nation. Der Staat ist nunmehr Ausdruck der Volkssouveränität und sonst nichts. Der Wille des Volkes soll ihn bilden und bewegen und einrichten und nicht mehr der bloße Sachverstand und die Pflichten- und Privilegienaristokratie des vormals herrschenden Systems.

Der Staat, der Volk ist, kann aber dem Einzelnen gegenüber nicht mehr Rechte haben, als der Gemeinwille ihm abgibt. Darum ist es die Aufgabe des Staates, die Emanzipation des Menschen aus den Bindungen des Standes und aller historisch gewordenen Verbände zu vollbringen. Freier Wettbewerb soll nicht nur im Wirtschaftlichen jeweils die natürliche Ordnung herstellen, sondern der freie politische

Wettbewerb der Einzelnen im Staate und der freie Wettbewerb der Nationen soll untereinander im internationalen Bereich die jeweilige rechte Ordnung, die »Verfassung« herstellen. Wenn jede einzelne Nation ihren Staat gefunden und geschaffen haben wird, wird in der Welt die natürliche Ordnung hergestellt sein. Dann wird Friede und Wohlfahrt aller herrschen. Wenn im freien Wettbewerb innerhalb des Staates jeder seinen Ort gefunden haben wird, wird im Staate die echte Verfassung herrschen, *die* Verfassung, die nichts anderes ist, als der Ausdruck der realen, von der Natur selbst gegebenen Ordnung.

Fortschritt ist die Parole, und Beharrung ist der Feind. Freilich blieb die Frage offen, die Aristoteles und Cicero so optimistisch beantwortet hatten: die Frage nämlich, ob es erlaubt sei, denen, die ihr Leben nach anderen Gesetzen leben wollen, diese neue Freiheit nach der Natur auch *gegen* ihren Willen und mit Gewalt zu bringen. Die Freiheitskriege haben darauf vom Geiste her eine unmißverständliche Antwort gegeben.

## IX

Doch, was dann kam, war trotz Fichte, Wilhelm von Humboldt, Hardenberg und Görres nicht ein politisches System, das den Mut hatte, sich auf das freie Wehen des Geistes zu gründen. Die Politik des Zeitalters der Restauration ging andere Wege.

Auf sie scheinen die Worte des Kanzlers im zweiten Teil des »Faust« gemünzt zu sein: »Natur und Geist – so spricht man nicht zu Christen. Deshalb verbrennt man Atheisten, weil solche Reden höchst gefährlich sind. Natur ist Sünde,

Geist ist Teufel, sie hegen zwischen sich den Zweifel, ihr mißgestaltet Zwitterkind.«

Geist wollten die neuen Männer nur noch als den Esprit des 18. Jahrhunderts gelten lassen, und Metternich und Talleyrand, die in diesem Geist erzogen worden waren, hätten es recht abgeschmackt gefunden, wenn man ihnen zugemutet hätte, ihre Politik auf etwas anderes als auf das wohlverstandene Interesse der den Staat beherrschenden Schichten zu gründen.

Wie immer nach Zeiten des Umsturzes suchten sie – und die Vielzahl der Menschen mit ihnen – Wohlfahrt, Frieden und Sicherheit eher im Beharren als im Fortschritt. Für das Schlimmste aber sahen sie an, die Politik auf das Walten der natürlichen Kräfte zu gründen, die in den Völkern selber lebendig sind, denn das müsse notwendig zu Unordnung und zu Katastrophen führen. Politik sei vielmehr, wie der Staat selbst, etwas, das der Schwerkraft und der Dynamik des Natürlichen entgegenwirken müsse.

Natürlich waren die führenden Männer der Zeit nicht dumm genug, zu glauben, daß man die Uhr der Geschichte anhalten könne. Natürlich wußten sie um die Dynamik des Elementaren Bescheid und war ihnen klar, daß diese nicht durch bloße Polizeimaßnahmen erstickt werden könne. Sie meinten aber, daß dieser Dynamik Bremsen angelegt werden müssen und daß der Fortschritt nur dosiert ohne Schaden für den Menschen ertragen werden könne. Politik erschien ihnen als die Kunst, zwischen den fortreißenden Kräften und dem Stabilitätsbedürfnis des Bestehenden das Gleichgewicht zu halten. Metternich hatte es einmal so ausgedrückt: Ein Gebirgsbach sei etwas Wunderschönes, und seinem stürmischen Drängen zuzuschauen, bereite hohen Genuß. Aber im

Frühjahr schwelle dieser Bach über und reiße die Mühlen weg, die an seinen Ufern stehen. Der Staatsmann werde auf die Kräfte dieses Baches nicht verzichten wollen, er werde aber den Bach kanalisieren und so diesen Kräften zwar ihre wilde Schönheit nehmen, aber sie in die Gewalt seiner Vernunft bekommen: dann werde der Bach die Mühlen treiben, statt sie wegzureißen. Genau so müsse der Staatsmann mit den elementaren Kräften verfahren, die in den Völkern wirken.

So spiegelte sich der Geist der Restauration in den Köpfen der Großen der Zeit. In den Gehirnen der Zweitrangigen freilich war dieser Geist nichts anderes als der Ungeist selbst.

## X

Über eine kurze Epoche des Liberalismus, in der versucht wurde, die politischen Maximen der Französischen Revolution zu veredeln, kam Europa unvermerkt in die Epoche des Imperialismus. Auch in diesem Zeitabschnitt der Geschichte unseres Kontinents hat es etwas gegeben wie Politik aus dem Geist. Freilich war dieser Geist nicht mehr der Geist des Idealismus und der Aufklärung; es war ein sehr pragmatischer und handfester Geist, der da zur Auswirkung kam – ein Geist der bewußten Resignation des Geistes vor der Dämonie der Geschichte und damit der Eigengesetzlichkeit der Macht überhaupt. Das Leitwort dieser Zeit heißt »Macht«. Politik sei Ausdruck der Herrschaft realer Machtverhältnisse, sagte man, und nur dort, wo Politik »Realpolitik« sei, werde richtige Politik betrieben. Politik aus dem Geist dieser Zeit treiben, hieß also im Grunde nichts anderes, als die Realitäten so klar als möglich erkennen und auf der Grundlage des so Erkannten so zweckmäßig als möglich zu handeln – wobei Zweckmäßigkeit oft hieß, die Macht nicht bis zum Letzten ausnutzen und dem niedergeworfenen Gegner die Chance der Wiederaufrichtung lassen. Bismarck war der Meister dieses neuen Geistes.

Mit dieser Verabsolutierung der Macht und damit des Staates erhob sich aber ein Problem: Wie kann der Staat leisten, was er von sich verlangen muß und wie können gleichzeitig die breiten Massen, ohne die der Staat das nicht leisten kann, am Staate selbst interessiert werden? Damit war das Thema der Massendemokratie gestellt und damit gleichzeitig das Thema der sozialen Verantwortung des Staates für das Wohlergehen der breiten Massen. Das allgemeine Wahlrecht und schließlich der Parteienstaat waren die unausbleiblichen Folgen des imperialistischen Machtstaates, und proportionell zur Entfaltung seiner Macht mußte der Staat sich nach innen zum Gestalter der sozialen Ordnung der Gesellschaft machen. Und mit dem Machtstaat wurde gleichzeitig sein Gegenbild gesetzt und angestrebt: der Wohlfahrtsstaat auf der einen Seite und der Staat, der es – wegen der Gefährlichkeit der reinen Macht auch für den Sieger – vorzieht, sich mit den anderen Staaten in genossenschaftlichen Verbänden zusammenzuschließen, innerhalb derer Interessen nicht kämpferisch ausgetragen, sondern koordiniert werden sollen.

Diese Aufgaben sind den Staaten geblieben, auch dann, als einigen von ihnen die Instrumente der Machtpolitik zerbrochen wurden, denn ein einmal gestelltes Thema bleibt in der Politik solange auf der Tagesordnung, bis es entweder durch Erfüllung zu Ende geführt oder durch grundlegende und epochale Veränderung der Realitäten gegenstandslos geworden ist.

## XI

So wurde ein neuer Faktor in das System der politischen Kräfte eingeführt: die internationale Arbeiterbewegung. Damit wandelte sich das Thema der Politik wiederum: Sollen die Anliegen der Arbeiterschaft, dieses dritten Standes der neuen Zeit, befriedigt werden im Wege durchgreifender, aber sich langsam entwickelnder Reformen? Oder ist die Arbeiterklasse nicht viel mehr nur der Vollstrecker des geschichtlichen Gesetzes dieser Zeit, das da heiße: revolutionärer Umbruch alles Bestehenden quer durch die Staaten hindurch und ohne Rücksicht auf Grenzen und Nation? Mit anderen Worten: Sind wirklich noch die Staaten und die Nationen die Träger des geschichtlichen Prozesses? Sind es nicht vielmehr heute die sozialen Klassen geworden? Hat sich der Stand, der um seine Emanzipation ringt, dem Staate zuzuwenden, oder hat er den Staat zu sprengen und mit der Zerstörung des Machtapparates der heute herrschenden Klasse die klassenlose Gesellschaft heraufzuführen und damit den Staat zur Selbstaufhebung zu bringen? Muß dann Politik nicht von etwas, bei dem über Menschen verfügt wird, zu etwas werden, bei dem nur noch über Sachen verfügt wird? Konnte man bis zum Ersten Weltkrieg hierüber noch streiten, so zwang doch der Umstand, daß die Umwälzungen im Zuge des Ersten Weltkrieges die Arbeiterparteien fast aller Staaten in die Regierungsverantwortung brachten, die Arbeiterbewegung zur Erkenntnis, daß der Weg zu sozialer Gerechtigkeit und zur Emanzipation der Arbeiterschaft in Freiheit nur über den Staat geht, denn der Staat ist der einzige Raum, innerhalb dessen in geordneter Weise und in Freiheit um das Recht, das durch uns geboren ist, gerungen werden kann.

Wer den Rechtsstaat will, muß auch dem die Chance lassen, der den Staat anders haben will, als man selbst ihn haben möchte. Freiheit ist, nach dem Worte Rosa Luxemburgs, immer die Freiheit des Andersdenkenden.

Im Zuge dieser neuen Erfahrung lernte gerade die Arbeiterschaft, daß der Weg zur Supranationalität nur über die Nation, d.h. die Solidarität mit allen denen, die ein gemeinsames Wertstreben und eine gemeinsame Geschichte zur Geschichtsperson gemacht haben, und über die Erfüllung der nationalen Notwendigkeiten führen kann. Jeder andere Weg ist nichts anderes als Utopie oder die verdeckte Unterwerfung unter den nationalen Egoismus anderer und damit eine Negation des Ethos der Supranationalität selbst. Aus dieser Erkenntnis heraus haben sich die Arbeiterparteien Großbritanniens, der Skandinavischen Länder und Deutschlands bisher den Versuchen widersetzt, nach Paulskirchenmanier ohne die vorherige Schaffung der tragenden Voraussetzungen Souveränitätsrechte an supranationale Organe eines Europas abzugeben, dessen Wirklichkeitsgehalt kein Mensch noch zu übersehen vermag.

Von dem Wege, den man in Sowjetrußland eingeschlagen hat, brauche ich hier nichts zu reden. Denn dieser Weg ist die Negation des Geistes selbst und eine Schilderhebung der bloßen Gewalt, wie ihn die Geschichte der neuen Zeit nur in der scheußlichen Epoche des Dritten Reiches gekannt hat.

## XII

Schauen wir uns in unserer Gegenwart um und fragen wir uns, welche Aufgaben uns denn von der Wirklichkeit, in der wir leben, gestellt sind und wie der Geist sie und das sich aus ihrer Fragestellung Ergebende zu begreifen vermöchte, so finden wir, daß es die Aufgaben sind – und zwar insgesamt und in der alten Frische –, die je und je in den großen Epochen der Geschichte unseres Kontinents aufgeworfen wurden. Wer Politik vom Geiste her begreifen will, sollte sich klar machen, daß es zum Wesen des Politischen gehört, daß einmal aufgeworfene Fragen und einmal gestellte Themen für immer auf der Tagesordnung bleiben, meist unter neuem Namen, aber doch mit identischem Gehalt. Denn das Politische führt nie das vom Geiste Aufgeworfene zu Ende: es reichert sich damit an, es konsumiert es nicht.

Wir haben auch heute noch in der konkreten politischen Entscheidung um die Erkenntnis zu ringen, ob der Staat etwas dem Menschen Vorgegebenes oder etwas von ihm Geschaffenes ist, und ob darum es die Bestimmung des Menschen ist, in der Politik ein ihm Aufgegebenes zu erfüllen oder ob der Mensch selbst zu bestimmen hat, auf was hin er seine Geschichte lenken will.

Wir haben auch heute noch in unserem konkreten politischen Tun mit der Frage fertig zu werden: ist der Mensch das Produkt seiner Geschichte, oder ist er über alle geschichtliche Determination und Schicksalshaftigkeit hinaus ein nur auf die Natur und ihre Gesetzlichkeit bezogenes und nur vor ihr verantwortliches Wesen?

Wir haben auch heute immer wieder uns zu entscheiden, ob der Staat in erster Linie dem Menschen zur Entfaltung seiner Kräfte dienen soll oder ob es seine Aufgabe ist, Wohlfahrt zu schaffen und zu verbreiten.

Und wir werden auch heute noch immer wieder vor die Frage gestellt: Was ist der Staat und was sind seine Rechte und Pflichten angesichts der Ansprüche, die der Glaube der

Menschen an göttliche Offenbarung oder an die Macht und Würde des in sich selber ruhenden Geistes immer wieder erheben?

Und auch heute noch kann uns nichts der Notwendigkeit entheben, immer wieder zu erforschen, in welchem Verhältnis je und je in unserem Tun Idee und Wirklichkeit, Idee und Gesetzlichkeit des politischen Kräftefeldes, Ethik und Macht zueinander stehen, und welcher Art die Gesetze sind, die, ähnlich denen der Mechanik, jeweils das Wechselspiel der aufeinanderwirkenden politischen Kräfte regieren – ob hier wirklich immanente Gesetzmäßigkeiten herrschen, oder ob die Vernunft die natürlichen und geschichtlichen Gegebenheiten zu verändern vermag oder nicht. Und es möge keiner glauben, daß wir der Notwendigkeit enthoben sind, in jedem Augenblick konkret aus der Erkenntnis heraus durch unser politisches Tun auf die Fragen Antwort zu geben, die uns die Dialektik von Fortschritt und Beharrung, vom Walten-lassen des Elementaren und Bändigung seiner Kräfte durch die Dämme und Schleusen der Staatskunst stellt.

Und wir werden uns auch heute noch bei all unserm Tun immer wieder Rechenschaft geben müssen, in welchem Verhältnis Staat und Nation zueinander stehen und wie wir – ohne Schiffbruch erleiden zu müssen oder uns Selbsttäuschungen zu ergeben – den Weg aus dem isolierten Nationalstaat zu höheren politischen Gebilden finden können. Das stellt aber gleichzeitig die Frage nach dem Imperialen und nach der Macht, die Frage nach Pax et Justitia ebenso wie die Frage, ob das politische Geschehen sich in der Determiniertheit vollzieht oder in der Spontaneität.

Und jeder von uns weiß, daß die Probleme, die der unaufhaltsame Drang der breiten Massen nach Herstellung der vollen Gleichberechtigung an Staat und Wirtschaft stellt – also der Drang, vom Objekt eines seelenlosen Mechanismus zu Subjekten und Gestaltern eigener Lebensordnung zu werden –, erst in den Anfängen gelöst sind und daß von ihrer vollen Lösung Wohl und Wehe nicht nur unser selbst sondern unseres ganzen Zeitalters abhängen. Man sollte auch wissen, daß es sich dabei nicht nur um »Magenfragen« handelt, sondern um ein vom Geist her zu findendes, neues Bewußtsein der Nation von sich selbst.

Alle diese Fragen können nicht aus der bloßen Spekulation gelöst werden; Politik geschieht nicht am Reißbrett. Diese Fragen können immer nur von der Sache her und in der konkreten politischen Entscheidung der Lösung entgegengeführt werden. Aber keine Lösung ist eine Lösung von der Sache her, wenn nicht die Aufgabe vom Geiste her begriffen worden ist und wenn nicht bei den Versuchen ihrer Lösung der Geist Hebammendienste leistet.

# DAS PROBLEM DER MACHT IN DER DEMOKRATIE

Das Problem der Macht in der Demokratie ist im Grunde nie kontrovers gewesen. Außer den Utopisten, die eh und je geglaubt haben, der moralische und technische Fortschritt – beide gewissermaßen auseinanderfließend – oder das Absterben des Staates nach Errichtung der klassenlosen Gesellschaft in einer kommunistisch gewordenen Welt werde die Notwendigkeit der Anwendung von Macht gegenstandslos werden lassen, sind die Demokraten der Welt zu jeder Zeit überzeugt gewesen, daß auch dort, wo der Staat – nach der Definition Abraham Lincolns – demokratisch durch das Volk für das Volk regiert wird, staatliche Existenz ohne Macht nicht denkbar, zumindest nicht praktikabel ist. Man denke an die antiken Demokratien! Man denke an die französische Republik in den Zeiten der Revolution und nachher! Man denke an die britische Demokratie! Und man denke an die Demokratie, die jener wunderbare Demokrat, der Abraham Lincoln war, den USA aufgeprägt und eingeprägt hat!

Demokratie bedeutet ja nicht Auflösung des Staates. Demokratie bedeutet, daß der Staat identisch ist mit der Nation und nicht neben oder über ihr steht wie zu Zeiten des Absolutismus. Die Demokratie hat also nie und nirgends den Staat beseitigen, sondern immer nur das Volk zu seinem Träger machen wollen – allerdings das ganze Volk und nicht nur eine Klasse oder gar eine Einheitspartei, deren Führungsfunktionäre sich das Recht anmaßen, allein zu bestimmen, was dem Volke frommt. Staat ist, unter vielem anderen, immer auch Macht, wobei über die Art der Machtmittel noch nichts ausgesagt ist, deren er sich als demokratischer Staat zu bedienen hat oder bedienen kann. Ohne Verfügung über Machtmittel kann der Staat seine erste Aufgabe nicht erfüllen, die da heißt: Selbstbehauptung nach innen und nach außen – Selbstbehauptung, damit die Nation, das Volk seine Lebensordnungen selbst und frei bestimmen könne und sie ihm nicht von außen oder durch mit Mitteln der Gewalt ausgerüstete Minderheiten im Innern aufgezwungen werden können. Selbstbehauptung der Nation aber ist eines der wichtigsten Postulate der Demokratie. Kann man doch von Demokratie nur dann sprechen, wo ein Volk selbst in seiner Allgemeinheit innerhalb seiner Grenzen die Inhalte und Formen seiner nationalen Existenz bestimmen kann.

Die Handhabung der Machtmittel ist Sache der Regierung, jeder Art von Regierung, auch einer vom Volke aufgestellten, ihm verantwortlichen und darum dauernd von ihm kontrollierten Regierung. Eine Regierung wird sich meist damit begnügen können, durch sachgerechtes Handeln und durch Rücksichtnahme auf möglichst viele vor dem Staatszwecke vertretbare Interessen die von ihren Maßnahmen Betroffenen von Richtigkeit und Nutzen ihrer Maßnahmen zu überzeugen. Aber sie wird das nur können, wenn sie Autorität besitzt, und Autorität hat man auf die Dauer nur, wenn man genügend Macht hat, sich gegen jene durchzusetzen, die einem das Recht zu den getroffenen Maßnahmen bestreiten und die sich der Verwirklichung der Staatszwecke widersetzen wollen. Freilich wird auf die Dauer die nur durch Machtmittel aufrechterhaltene Autorität nicht Bestand haben. Ohne moralische Autorität derer, die sie handhaben, werden diese Mittel nur für eine Zeit lang wirken. Man kann – Talleyrand hat das gesagt – mit Bajonetten sehr viel machen, aber man kann nicht darauf sitzen ... Das »oderint dum metuant« machtgläubiger Cäsaren hat nie lange vorgehalten. Regieren, auch demokratisch regieren, kann also nirgends ausschießlich darin bestehen, daß man, auf das Verständnis der durch die Maßnahmen der Regierung Betroffenen rechnend, sich damit begnügt, mit logischen Argumenten oder durch den Appell an das Pflichtgefühl und die Bürgertugend überzeugen zu wollen. Dies kann oft genug genügen, und ohne den Willen zu überzeugen, nützt auch die Macht nichts. Aber die Menschen werden ja in ihrem Tun nicht nur von logischen Argumenten oder durch moralische Impulse bestimmt; darum muß jede Regierung hinter sich Macht stehen haben. »La peur du gendarme est le commencement de la vertu«, sagt ein französisches Sprichwort.

Die Regierung muß aber mit der Macht moralisch und rational umgehen, sonst wird auch eine Demokratie zur Tyrannis. Auch schrankenlose Machtpolitik einer Mehrheit ist Gewaltherrschaft. Demokratie ist aber mehr als nur die Konkretisierung des Satzes »Mehrheit gilt«. Von Demokratie sprechen wir nur dort, wo die Staatsgewalt sich unter das Gebot moralischer Postulate und eines Rechtes stellt, das an einem von allen billig denkenden Bürgern annehmbaren Denkbild vom Sinn des menschlichen Daseins orientiert ist. Aber eine solche Staatsgewalt wird nie in der Hand von Minderheiten sein dürfen. Es ist auf jeden Fall moralischer, daß eine Mehrheit von einer Minderheit erwartet, daß sie ihr folge, als umgekehrt.

Wird die Erfüllung der Staatszwecke von Kräften bedroht, die im Innern des Staates leben, so hat der Staat das Recht und die Pflicht, sich ihnen gegenüber zur Wehr zu setzen und – wenn es nicht anders geht – dabei Macht anzuwenden. Als demokratischer Staat wird er dabei nicht nach jedem Außenseiter schlagen, sondern seine Macht nur dort einsetzen, wo er für seinen Bestand fürchten muß – d.h. wo er fürchten muß, daß die demokratisch zustande gekommene Grundordnung, in der sich die Nation aus freien Stücken als Staat in Verfassung gebracht hat, in Gefahr steht, mit Mitteln roher Gewalt oder mit Mitteln einer Scheinlegalität umgestürzt zu werden. Auch die formal korrekteste Legalität ist jeder Legitimität bar, wenn mit den Mitteln, die sie darbietet, die Freiheit des Volkes, selbst und immer über die Formen und Inhalte seiner Lebensordnungen zu bestimmen, vernichtet werden soll. Ich denke dabei an die Jahre vor 1933 und an das, was nach 1945 in der sowjetisch besetzten Zone geschehen ist.

In diesen Fällen unmittelbarer Bedrohung der Fortdauer der Grundlagen des Staates selbst wird die Regierung die ihr zur Verfügung stehenden Machtmittel einzusetzen haben – natürlich in den Formen des Rechts, das der Staat aufgerichtet hat. Das normale Recht für den Alltag wird in solchen Lagen nicht immer ausreichen. Für außerordentliche Gefahren für den Bestand des Staates pflegen darum die Staatsgrundgesetze ein Notstandsrecht vorzusehen, das einen raschen und formloseren Einsatz von Macht gestattet. Jedoch sollte man bei dem Erlaß solcher Gesetze vorsichtig sein! Könnte es doch geschehen, daß sie eine unsicher gewordene Regierung in Versuchung führen, und könnte es sein, daß sie einer Regierung Machtmittel in die Hand geben, die ihr erlauben, unter dem Schein des Rechts und der Staatsnotwendigkeit gegen politische Kräfte vorzugehen, die sich gegen ihre Politik wenden, ohne im geringsten die Absicht zu haben, die Grundlagen des Staates selbst anzutasten. Ich meine damit jene Kräfte, die man gemeinhin die Opposition zu nennen pflegt.

Dieser formal und materiell gesetzmäßig vorgehenden Opposition gegenüber, ohne deren Anerkennung es keine Demokratie geben kann, ist die Anwendung von Macht in einer Demokratie nicht erlaubt. Anwendung von Macht wäre es auch, wenn eine Regierung in einem solchen Falle durch Einsatz ihres Polizeiapperates die freie Meinungsäußerung und die Möglichkeiten, sich durch legale Mittel an die Macht zu bringen, vernichten oder einschränken wollte. Dazu würde auch gehören die Aneignung eines Meinungsbildungs-Monopols durch die Regierung – selbst auf der Grundlage von Staatsgesetzen. Würde sie doch damit eine gesunde und richtig funktionierende freie Konkurrenz bei der Gewinnung des Wählers durch alle Mittel der Überzeugung ausschließen, und ohne eine solche freie Konkurrenz gibt es keine Demokratie. Darum ist das erste, was Diktaturen tun, die Schaffung eines staatlichen Presse- und Rundfunkmonopols. Auch dies ist ein Stück Machtausübung.

Zur parlamentarischen Demokratie gehört die Kontrolle der Regierung durch das Parlament. Darum muß das Parlament jederzeit die Möglichkeit haben, Aufbau und Verwendung der staatlichen Machtmittel zu kontrollieren. In der Demokratie ist die Regierung nicht nur in ihrer Bewegungsfreiheit durch das Recht gebunden und eingeschränkt, sondern auch durch das Kontrollrecht des Parlamentes. Es scheint mir höchst fraglich, ob ein Parlament auf die Ausübung dieses Kontrollrechts verzichten kann, ohne die demokratische

Grundordnung in Frage zu stellen. Eines der wirksamsten Mittel zur Kontrolle der Machtausübung einer Regierung ist die Dreiteilung der Gewalten: Wer Gesetze gibt, soll sie nicht anwenden; wer regiert, soll nicht die Gesetze geben, die seine Zuständigkeit bestimmen; wer Recht spricht, soll sich die Gesetze dafür nicht selber geben und weder um die Staatsraison zu kümmern brauchen, noch von dem Willen einer Regierung und eines Parlamentes abhängig sein. Ist es Zufall, daß alle totalitären Regime die Dreiteilung der Gewalten abgeschafft haben? Nichts ist ihnen unangenehmer als Einrichtungen, die sie bei Ausübung ihrer Macht kontollieren oder gar hemmen könnten.

Bei dem Worte »Macht« denkt man freilich so gut wie immer an den Gebrauch staatlicher Macht nach außen, also an den Einsatz von Mitteln, durch die ein anderer Staat gezwungen werden soll, etwas zu tun, was er von sich aus nicht möchte, oder wodurch es ihm unmöglich gemacht werden soll, einem anderen Staat etwas anzutun, was dieser zu dulden nicht bereit ist. Das letzte Mittel ist dann der Krieg – leider bisher auch bei Demokratien. Auch diese müssen sich Machtmittel nach außen zulegen. Freilich werden sie dies – wenn sie wirklich aus demokratischem Geist heraus bestehen, d.h. aus dem Geiste der Mitmenschlichkeit – nur zum Zwecke der Verteidigung tun. Gerade alte und bewährte Demokratien haben Macht angewandt, wenn es galt, der Macht eines Angreifers, der ihre Freiheit zu zerstören drohte, entgegenzutreten. Die letzten Kriege haben es bewiesen, und das Verhalten der Demokratien des Westens den Gefahren dieser Zeit gegenüber zeigt, daß sie heute denken wie ehedem.

Freilich hat man seit geraumer Zeit eingesehen, daß der

Krieg, auch ein Krieg um des Rechtes willen, ein schlechtes Mittel ist, sich zu behaupten, und daß die Bereitstellung der zur Vorbereitung der Verteidigungsbereitschaft erforderlichen Machtmittel ruinös sein könnte. Darum haben schon seit sieben Jahrzehnten gescheite, kundige und von demokratischem Geist durchdrungene Männer die öffentliche Meinung der Welt aufgerufen, die Regierungen zu veranlassen, den Frieden durch eine internationale Rechtsordnung, der internationale Gerichte und eine internationale Polizeimacht zur Verfügung stehen, zu erhalten und so die Anwendung nationaler Machtmittel überflüssig zu machen. Doch der Einsatz einer internationalen Polizeimacht gegen einen Friedensbrecher wäre nun eben einmal auch Einsatz von Macht. Ebenso bliebe die Macht noch ein Element auch demokratischer Politik, wenn die Staaten ihre Rüstungen herabsetzten und Sicherheitspakte abschlössen. Müßte doch dem Urteil eines internationalen Schiedsgerichtes mit Machtmitteln Autorität verschafft werden. Die Verrechtlichung zwischenstaatlicher Beziehungen würde also die Macht nicht gegenstandslos werden lassen. Allerdings wäre diese Macht vernünftiger, und sinnvoll angewandt könnte sie nur werden, wenn nicht wie bei der heutigen UNO ein »Njet« ihre Anwendung blockieren könnte.

Ohne Macht wird es also innerhalb der Staaten und unter den Staaten nicht gehen. Wir müssen heute zufrieden sein, wenn die Staaten innerhalb ihrer Grenzen und im Verhältnis zueinander mit der Macht vernünftig und moralisch umgehen, d.h. unter Achtung der Lebensrechte eines jeden, der durch ihre Anwendung betroffen werden könnte. Die demokratischen Staaten des Westens bemühen sich darum.

Sie werden sich durch das andersartige Verhalten anderer

Staaten in diesem Bemühen nicht dazu verführen zu lassen, die Schranken niederzulegen, die demokratisches Bewußtsein zwischen der Freiheit des Bürgers und dem Machtapparat des Staates aufgerichtet hat. Ohne solche Schranken ist die Gefahr des Machtmißbrauchs allzugroß. Demokratie hat aber zuvordest den Sinn, den Mißbrauch der Macht unmöglich zu machen.

# FREUNDSCHAFT OHNE MYTHOS

*Über den Wandel der deutsch-französischen Beziehungen*

Das Schlimmste, was zwischen zwei Menschen geschehen kann, die in Freundschaft miteinander leben wollen – oder die jenseits ihrer inneren Wünsche aufeinander angewiesen sind –, ist wohl, daß man den anderen nicht als den sieht, der er ist, sondern als den, den man zu brauchen glaubt, um sich selber zu ergänzen oder um sich der eigenen Besonderheit bewußt zu werden. Man kann sich mit einem solchen Bilde vom anderen in den anderen vernarren, und aus diesem Bunde können für eine Zeitlang hohe und reine Flammen schlagen; Eros kann triumphieren. Aber nach einiger Zeit schlagen die Flammen zurück und verbrennen, was gestern so herrlich blühte, zu schauerlicher Kohle.

Der Glücksfall tritt ein, wenn sich zwei Individuen im Verhältnis zur möglichen Freundschaft auf dem Nullpunkt der Erwartung begegnen, weder mit Erwartungen nach oben, noch mit solchen nach unten und sich in dieser Meeresstille der Seele aneinander wagen. Dieses Sich-aneinander-Wagen setzt voraus, daß man bereit ist, den anderen so zu wollen, wie er ist, nicht wie man ihn haben möchte; daß man ihn in Nüchternheit so will. Wenn dieses Wagnis des anderen unternommen wird in der Bereitschaft, es als ein Geschenk anzunehmen, wenn daraus eine Freundschaft werden sollte, liegt diese Nüchternheit fernab jeden Utilitarismus.

So mögen sich auch Völker begegnen, wenngleich bei ihnen und ihrem Zusammentreffen alles komplexer und an Gegenläufigkeiten reicher ist als bei den Individuen. Wie schwer ist es schon, die eigene Volkspersönlichkeit zu erfassen! Und wenn man sie erfaßt hat, wie schwer ist es dann, sich in ihr zu erkennen!

Und wenn einem dies gelungen ist, wie schwer ist es alsdann, mit ihr umzugehen! Wieviel schwerer wird es sein, noch eine fremde Volkspersönlichkeit hinzuzuerfassen und beide in das rechte Verhältnis zu bringen, wobei mir das Rechte an einem solchen Verhältnis nach dem Grad der Fruchtbarkeit abgemessen werden zu können scheint, die das Aufeinandertreffen in jedem von beiden weckt.

Freilich ist es mit der Volkspersönlichkeit so eine Sache. Hier macht sich meist das Bedürfnis nach Mythisierung breit; die Vorstellung nämlich, die Völker seien, jedes für sich, die Saiten auf der Harfe Gottes, jedes von Anfang an gleichgestimmt. Nun aber wissen wir, daß es Völker gibt, die erst sehr spät entstanden sind, die Vereinigten Staaten von Amerika zum Beispiel, und manch andere dazu. Man hat erleben können, wie sie sich gemausert haben, und wenn wir den Tatbestand »deutsches Volk« betrachten, wird es uns sehr schwerfallen, es in allen Phasen seiner Geschichte als die Ausprägung einer und derselben Entelechie zu erkennen.

Die Sprachgemeinschaft macht für sich allein noch keine Volkspersönlichkeit aus: Die Deutschschweizer sind nicht »deutsches Volk«; die Genfer sind nicht »französisches Volk«, sowenig wie die Wallonen und die französischen Kanadier, und die Bürger der USA sind keine Engländer. Von einer Volkspersönlichkeit kann man nur sprechen, wenn ein »Volk«, genauer gesagt: eine Bevölkerung eines bestimmten Gebietes, eine Nation geworden ist. Wenn das Volk ein Wachstumsprodukt ist – manchmal geschichtsträchtig, aber nie geschichtsmächtig –, so ist die Nation ein Produkt des Willens.

Sie ist eine Gemeinschaft von Menschen, die sich durch die gemeinsame Liebe zu identischen Werten vergemeinschaftet wissen *wollen*. Die Nation ist »*un plébiscite de tous les jours*«, hat Ernest Renan einst seinen deutschen Freunden gesagt, als diese die Annexion des Elsaß 1871 damit zu rechtfertigen versuchten, die Elsässer sprächen doch deutsch. Außerdem hätten sie einmal zum Heiligen Römischen Reich Deutscher Nation gehört. Ja, sagte Renan, aber seit einem Jahrhundert zumindest haben sie sich entschlossen, ein gemeinsames Schicksal mit den Menschen westlich der Vogesen tragen zu wollen, und das, was ihnen das höhere Sein ihres Lebens ausmachen soll, nämlich Zivilisation und freiheitliches Selbstgefühl, in Paris zu suchen.

Die Franzosen *sind* eine Nation. Ihre führenden, die Person *La France* vergegenwärtigenden Schichten waren es schon lange, und die Schichten darunter nahmen in sich das Lebensgefühl auf, das von oben in den Grund sickerte. Man wollte dort als eine Gemeinschaft zusammenleben, sich von der Geschichte prägen lassen und die Geschichte prägen als eine Gemeinschaft, die durch einen unsichtbaren *contrat social* zustande gekommen war und darum einer *volonté générale* fähig sei, der man den bescheidenen Namen *l'opinion* gab.

Der Gegenstand dieses *contrat social* hat mit der Zeit sich gewandelt. War er vor der Revolution die Ehre, verstanden als der moralische Impuls, es allen anderen voran zu tun und nie unter sein Maß zu gehen; die *gloire*, die glanzvolle, weithin hallende Tat; die Selbstdisziplin des *honnête homme*, den ein Tun nur dann gutdünkt, wenn Form und Inhalt sich decken; die *civilisation*, jene *civilitas humana* des Mittelalters, die darin gesehen wurde, daß der Mensch sein Leben als etwas sieht und führt, das in jeder seiner Äußerungen durchflochten ist von den Fäden eines Netzes von Sätzen, in denen die abstrakte Vernunft sich mit der Welt der Realitäten zu jener *raison* verschmolzen hat, die man nicht anders übersetzen kann als mit »praktischer Vernunft«. Schließlich gehört zu jenem *contrat social*, aus dem die französische Nation hervorgegangen ist, das Bewußtsein, daß die Möglichkeiten, in der zugeordneten Form zu leben, die sie beinhaltet, unlösbar geknüpft sind an den *grand pré carré*, der um die *Ile de France* herumgewachsen ist und nun Frankreich heißt. Schon Pierre Dubois hat sich um das Jahr 1300 dahin geäußert und dafür nach dem Geschmack der Zeit eine astrologische Begründung gegeben.

In der Revolution von 1789 wurden noch einige andere Dinge in jenen *contrat social* hineingegeben, vor allem die Überzeugung, daß Frankreich das Land der Freiheit sei und in eben solchem Ausmaß das Land der *générosité*, die wie die aristotelische Megalopsychia ihm erlaube, ja, gebiete, was schön und gut und wahr ist, in der Verkörperung durch sich selbst zu lieben.

Wie schön für ein Volk, das eine republikanische Regierung auf das Königsschloß von Versailles die Inschrift setzen lassen konnte: »*A toutes les Gloires de la France!*« Und irgendwo anders steht: »*Tout ce qui est national est nôtre.*« Und die deutsche Nation? Der französische Historiker Gaxotte beginnt seine jüngst erschienene *Geschichte Deutschlands* mit dem Satz. »Die Deutschen sind ein unglückliches Volk: Niemals in seiner Geschichte war das ganze deutsche Volk in einem Staate vereinigt ...« Geht man von dem Gebiet aus, das wir heute Deutschland nennen, und vergleichen wir es mit dem Gebiet, das wir Frankreich heißen: In Frankreich ist um die *Ile de France*, um Paris, die Stadt, in der seit Jahrhunderten, dank dem Hof und dank der Sorbonne, alle schöpferischen Kräfte zusammenflossen, die für Sein und Tun bestimmend waren, das Land organisch gewachsen, so organisch, daß es gelang, Bretonen, Katalanen, Basken, Flamen, Elsässer in diesen Wachstumsprozeß in einer Weise einzubeziehen, daß sich diese Menschen anderer Zunge und oft ganz anderer geschichtlicher Tradition durch die Einverleibung nicht unterdrückt, sondern erhöht fühlten. Doch bei uns in Deutschland ist kein Mittelpunkt zu finden, um den herum die geschichtliche Landschaft hätte organisch wachsen können, wie der Ölfleck sich ausbreitet. Sein »römisches« Kaisertum war nur sehr bedingt und sehr spät »deutscher Nation«, wenngleich es in seinen großen Zeiten eine Größe entfaltete, wie nur irgendeine herrschaftliche Phase unseres Kontinents sie zuwege brachte.

Doch in den Zeiten, da sich in Europa die Nationalitäten zu integrieren begannen, ging das Geschichtsbewußtsein über auf das Geschehen in den Territorialstaaten, in die das Reich mehr und mehr zerfiel. Zwar gab es einmal den Vers Walthers von der Vogelweide, daß deutsche Zucht über alles ginge, und die Deutschen jener Zeit haben es wohl glauben dürfen. Wohl gab es den Patriotismus und Nationalismus Ulrich von Huttens und Wimpferlings; doch schon in der Mitte des 16. Jahrhunderts glaubte sich der Bayer Aventinus schämen zu müssen, daß um den Mord an dem jungen Konradin kein Fürst, kein Graf, kein Ritter ein Roß gesattelt habe ... Wahrscheinlich hätte auch uns Deutschen blühen können, daß unser Bildungsschichten sich in einem besonderen und eigenen Verständnis der neu entdeckten Antike auf den Staat hin fanden – aber die Glaubensspaltung machte es unmöglich: Wie sollte man zur Nation in dem hier postulierten Verstande werden können, wenn man in dem Heiligsten sich feindlich gegenüberstand und jeder Teil in dem anderen den Verderber der Seelen sehen mußte – und man tat es in jenen Zeiten, da man Konfession noch ernst und absolut nahm. Richelieu hatte diese Gefahr für das Zur-Nation-Werden Frankreichs erkannt; Ludwig XIV. nach ihm auch, und beide haben, jeder in seiner Weise, mit Toleranz oder ihrem genauen Gegenteil dem Übel abzuhelfen versucht.

Bei uns zerriß der Dreißigjährige Krieg noch mehr, was es an Integrationsmöglichkeiten in Deutschland gegeben hätte. Dazu korrumpierte landesfürstlicher Egoismus das Reichsbewußtsein immer weiter, bis man schließlich in der Tat von *les Allemagnes* sprechen konnte. Es gab Preußen, es gab Österreich, es gab Reichsstädte, kleinere und größer Landesherren; es gab Evangelische und Katholische – und, die Sehnsucht der Gebildeten, die Deutschen, das heißt, was deutsch sprach und was einst von der gleichen Reichsherrlichkeit umschlossen war, möchten doch auch eine Nation werden können, wie die Nachbarn jenseits des Rheins ... Man wußte, daß es über die Staaten nicht gehen konnte, also sollte es über die Kultur gehen. Wenn einem die Staatsnation verweigert wurde – eine Kulturnation zu werden, konnte man nicht verwehren, denn das hing ganz und gar von dem Willen und der Bereitschaft der Einzelpersönlichkeiten ab; im Geheimen war man frei!

So entstanden zwei Dinge: einmal die Vorstellung von einem »Geheimen Reich der Deutschen«, denen eine Sendung aufgetragen sei: nämlich den Völkern draußen zum

Vorbild immer tieferer Vergeistigung zu dienen – wirklich ihnen dazu zu »dienen«! –; dann die Vorstellung, daß die eigentliche Aufgabe sei, Selbstverwirklichung und Wesensbejahung nicht im Politischen zu suchen, sondern in der harmonischen Entfaltung alles dessen, was im Menschen an schöpferischem Vermögen steckt – und all dies mit dem Archipelagos vor Augen, mit dem Seelenblick auf Griechenland Deutschland suchend.

Dann kam die Französische Revolution, die Rezeption Jean-Jacques Rousseaus durch Sturm und Drang, Klassik und Romantik: Es kamen die napoleonischen Kriege; es kamen die Reden an die deutsche Nation und die große deutsche Nationalbewegung, der es für eine Weile gelang, aus den Völkern aller deutschen Staaten eine deutsche Nation zu integrieren, wobei gleichermaßen Freiheit, Gleichheit, Brüderlichkeit, Volkssouveränität, deutsche Biederkeit im Gegensatz zu welchem Tand, die Sehnsucht nach der Krone, die im tiefen Rhein liegt, die Katalysatoren waren.

Das Scheitern der Paulskirche haben wir Deutsche nie verwunden und nie überwunden. Das Verhängnis nahm seinen Lauf; Bismarck siegte und mit ihm der Mythos von Blut und Eisen und der Überlegenheit deutscher Tüchtigkeit über gallische Dekadenz. Treitschke und das Kommersbuch begannen das deutsche Selbstbewußtsein mehr zu formen als Goethe und Wilhelm von Humboldt. Man glaubte, die Kaiserproklamation im Spiegelsaal zu Versailles habe eine deutsche Nation geschaffen, und der Sedanstag sei ein Nationalfest gleich dem *Qautorze Juillet* der Franzosen. Doch während die Franzosen jener Zeit nicht aufgehört haben, sich zu lieben, weil sie sich ein Leben anderswo als in Frankreich nicht vorstellen konnten, fingen wir an, uns zu vergötzen und uns von diesem Götzendienst an Feiertagen jenseits der Alpen und an den Ufern der Seine zu erholen – und zu reinigen.

Damit hörte der bisherige Dialog zwischen Frankreich und Deutschland auf, fruchtbar zu werden. Man konfrontierte sich nicht mehr im Ganzen. Man holte beim anderen die Leckerei und nicht das Brot: die Franzosen bei uns Richard Wagner; wir bei ihnen, was sich alles unter dem Sammelbegriff »Paris« zusammenfindet.

Völker, die sich vergötzen, können sich nicht zur Freundschaft suchen – so wenig wie Völker das können, die sich nicht lieben. Nur Patrioten sind gegen das böse Gift der nationalistischen Beschränktheit gefeit. Nur wer an sich liebt, was auch der andere lieben kann, kann dessen Freundschaft finden, und nur dann wird der andere unsere Freundschaft suchen wollen.

Unter solchen Umständen kann man kaum der Gefahr entgehen, die eigene Nation und die des Nachbarn im besonderen antithetisch auf eine *lex aeterna* der Geschichte bezogen zu sehen. Das gegenseitige Verhältnis wird im Spiegelbild einer Art von Hagen-Siegfried-Mythos gesehen (dies auf der deutschen Seite); die Franzosen sahen es mehr oder weniger kraß als das Verhältnis zwischen dem Lateiner und dem ewig den Limes durchbrechenden Barbaren – auch wenn Lamartine einst sang: »*Les graves fils de la noble Germanie*« und verkündete, die Freiheit sei in den Wäldern Germaniens geboren worden. Aber diese Mythisierung der gegenseitigen Verteufelung ist jungen Datums. Sie kam in voller Brutalität erst mit dem Begriff des »Erbfeindes« auf.

Dieser Begriff bedeutet viel, viel mehr als ein Ausdruck

für lang andauernde kriegerische Auseinandersetzungen; er ragt in die Bereiche der Geschichtsmetaphysik und gehört zu den vielen Manichäismen, die unserer Welt den inneren und äußeren Frieden rauben. Zu Grunde liegt die offenbar unausrottbare Vorstellung, daß diese Welt in Licht und Dunkel auseinanderfalle und daß diese beiden Mächte, inkarniert in Völkern, einander bekämpfen und daß dies so sein müsse, wenn die Geschichte einen Sinn haben soll. So machten Deutsche und Franzosen sich wechselseitig zu Erbfeinden, freilich nicht ohne immer wieder sehnsüchtig zum anderen hinüberzublicken, in dessen Höhle man einen ungehobenen Schatz hatte aufleuchten sehen ... Das ist nicht älter als rund zwei Jahrhunderte. Hätte man einen Franzosen früherer Jahrhunderte gefragt, wer denn der Erbfeind des Königreichs sei, dann hätte er vielleicht das Haus Österreich genannt, das von Wien aus, von Madrid aus, von Brüssel aus Frankreich einkreise. Aber dieses Haus Österreich war nie gleichbedeutend mit »die Deutschen«, zumal mancher deutsche Fürst dem König von Frankreich wacker (gegen Geld) half, diese Einkreisung zu durchlöchern. Noch im 19. Jahrhundert hätte man auf die Frage nach dem Erbfeind gelegentlich die Antwort hören können: England sei der Erbfeind, das ewige Albion, das Frankreich seinen Platz an der Sonne, vor allen Dingen den Platz als Zentralsonne, nicht gönne, das hundert Jahre mit Frankreich Krieg geführt habe, das die Jungfrau von Orléans zu Rouen habe verbrennen lassen (jene Jungfrau, die gesagt hatte: »Wer Frankreich bekämpft, bekämpft Gott ...«), jenes Albion, das Napoleon nach Sankt Helena verbannt hat, und so weiter und so weiter.

Für die Deutschen wurde Frankreich zum Erbfeind auf verschiedenen Wegen. Man unterschätzte nicht die Tiefenwirkung der alten Volksbücher, die von der Reichsherrlichkeit der Stauferzeit sprachen, die Karl von Anjou – wie man sagte, verräterisch – vernichtete, als er den jungen lieblichen Konradin auf dem Markt von Neapel hinrichten ließ. Das hat auf manches deutsche Gemüt gewirkt wie der Scheiterhaufen von Rouen auf manches französische Gemüt. Aber dies hätte für sich allein nicht viel zu bedeuten gehabt, nicht mehr als ein Hintergrund, auf den man anderes projizieren konnte. Der entscheidende Zeitpunkt waren die napoleonischen Kriege und das Aufkommen der Volkstumsbewegung in Deutschland gleichzeitig mit dem Begriff der Volkssouveränität in Frankreich. Vielleicht drückt Kleists *Hermannsschlacht* nicht die Gefühle aller Deutschen jener Zeit aus, aber doch sicher die Gefühle und Gedanken vieler Deutscher, jedenfalls derer, denen die olympische Gelassenheit eines Goethe nicht gegeben war, den an den menschlichen Dingen immer nur Kultur und Barbarei interessiert hat und dem Volkheit immer wichtiger war als die Völker und die Staaten.

In diesem moralischen Aufstand gegen die Franzosenherrschaft napoleonischen Gepräges kam viel zusammen. Auf der einen Seite die Empörung des guten alten Rechts – gegen den zentralisierenden Präfektur-Staat (Freiherr vom Stein), auf der anderen die Entseelung des Daseins durch die Rationalisierung der gesellschaftlichen Verhältnisse (Görres); das alte Ressentiment gegen die Welschen, die *chevaliers d'industrie* in der Art des Riccaut de la Marlinière aus der *Minna von Barnhelm* (wie strahlt neben ihm Tellheims Lauterkeit!), jene *chevaliers*, denen man in manchem Besatzungsparvenu begegnen mochte; vor allem aber lebte darin das moralische Pathos, das durch die Philosophie des deutschen Idealismus in das deutsche Selbstbewußtsein eingezogen war. War es doch der Auftrag der Vorsehung an die Deutschen, vermöge ihrer höheren Sittlichkeit und tieferen Bildung, der übrigen Welt das Musterbild wahren Menschentums vorzuleben! Das war ernst gemeint. Durfte ein so auserwähltes Volk, ein Volk, dem eine Verheißung gegeben war, als bloßes Objekt tyrannischer Willkür eines machtunersättlichen Nachbarn dahinleben? Konnte dieses Volk *so* sein Delos, *so* sein Olympia finden? Konnte es *so* eine weltgeschichtliche Mission erfüllen?

Dazu kam dann noch die in Deutschland zum Volksgeist gewandelte Volksmystik Jean-Jacques Rousseaus. Von unten her steigen die Säfte auf, die die Völker und die Menschen gesund machen! Im Zusammenklang aller derer, die die gleiche Sprache sprechen, enthülle sich und entfalte sich das Göttliche, das dem Menschengeschlecht eingeboren sei! »Das ganze Deutschland soll es sein!« Deutschland soll ein Nationalstaat *und* ein Kulturstaat zugleich werden, ja, es soll, einmal zum Nationalstaat geworden, ganz von selbst zum Kulturstaat geworden sein. Der Dienst am deutschen Wesen ist Gottesdienst, weil man damit gleichzeitig der Menschheit dient. So kam es zur deutschen Nationalbewegung, einer im Ansatz großartigen Bewegung, die leider, wie so vieles, sehr bald in die Hände der Subalternen geriet und schließlich, angesichts der Forderung mancher Franzosen nach natürlichen Grenzen, nach der Rhein-Grenze also, in *Wacht am Rhein*-Akkorden und *Sie sollen ihn nicht haben, den freien deutschen Rhein*-Klängen gipfelte.

Schließlich vollzog man 1866 und 1871 unversehens und in einem Ruck den Schritt zum Machtstaat. Die Macht wurde nicht zum Instrument der sittlichen Idee, sondern zu dieser selbst, ursprünglich nur in einer gewissen Literatur, aber allmählich breitete sich dieses Denken aus wie ein Ölfleck. Meist war es harmlos bärtige Biederkeit, die sich an Sedanstagen in Hochgefühlen ergeben wollte; aber als die ostpreußischen Junker mit den Magnaten an Rhein und Ruhr zusammenzugehen begannen und der Alldeutsche Verband sein Unwesen zu treiben unternahm, da war es geschehen. Nun war es gewiß: Die Franzosen sind der Erbfeind der Deutschen, der ewige Reichsfeind, der dem Nachbarn nie die Einheit gegönnt hat, der mit Gewalt und Tücke Stück um Stück vom Körper des Heiligen Reiches Deutscher Nation weggerissen hat, ja, der noch heute Städte sein eigen nennt, die einst Städte des Heiligen Römischen Reiches gewesen waren! Die Geschichte kann nicht anderes sein als die ewige Auseinandersetzung mit diesem Erbfeind. Mit der Zurücknahme von Elsaß-Lothringen ist wenigstens ein Teil des geschichtlichen Unrechts gutgemacht worden, das er nicht nur uns, sondern der Geschichte, die Gottes Willen ausdrückt, angetan hat …

In Frankreich geschah eine ähnliche Entwicklung. Im Siebenjährigen Krieg hatte man ein Preußen entdeckt, in dem nicht nur ein weiser König philosophierte, sondern in dem ein Staat eigener Art entstanden war, den Mirabeau so beschrieb: Preußen sei nicht ein Staat, der eine Armee hat, sondern eine Armee, die einen Staat besitzt. Ein Volk, das sich dies gefallen ließ, mochte gefährlich werden, gefährlich für Nachbarn, die sich daran gewöhnt hatten, den Deutschen als eine Art von Candide zu sehen, der mit seinem Lehrer Pangloss diese Welt als die beste aller möglichen Welten zu begreifen versucht, also keinerlei Drang verspürte, sie mit politischen Mitteln zu ändern.

Der entscheidende Schock aber kam, als die verbündeten Armeen Napoleon niedergeworfen hatten. Alles, was in Frankreich in der Trikolore das Symbol der weltumspannenden *gloire* des Vaterlands gesehen hatte, fühlte sich tief verletzt durch den Absturz von Waterloo. Der Einmarsch der verbündeten Sieger in Paris hinterließ eine tiefe Wunde. Die Kosaken und die *Prussiens* hatten heiligen Boden geschändet! »*L'étranger au pas lourd …*« Hier entstanden die ersten bösen Affekte gegen Preußen und Preußen-Deutschland. Sie wurden geschürt, als die Opfer der Karlsbader Beschlüsse massenweise nach Frankreich emigrierten. Diese Menschen sprachen nicht sehr liebevoll von der deutschen Wirklichkeit, so heiß auch ihre Liebe zu den deutschen Möglichkeiten war. Man lese Heinrich Heines oft zwiespältige, auf manchen Seiten erstaunlich hellsichtige, ja, prophetische Zeilen nach über den alten Gott der Wälder, der einst mit Donnerkrachen aus der Philosophie des deutschen Idealismus hervorbrechen werde! Man erinnerte sich wieder Mirabeaus Wort von der Armee, die einen Staat hat. Das Wort vom deutschen Militarismus entstand. Was wird eine solche Armee tun, wenn ihr einmal ganz Deutschland als politisches Instrument zu Gebote stehen wird? Trotzdem aber hat der alte Carbonaro Louis Napoleon das Seine getan, um den Deutschen ihren Nationalstaat zu verschaffen; allerdings hoffte er, dafür die natürliche Grenze des Rheins für Frankreich zu kassieren. Als Preußen Österreich 1866 besiegte, haben die Franzosen Solferino und Magenta vergessen, und man rief nach Rache für Sadowa. Es erschien als eine Beleidigung Frankreichs, daß der Parvenu Preußen in einem Blitzkrieg die alte Großmacht Österreich besiegen konnte, die endgültig niederzuwerfen Frankreich so viele Jahrhunderte gebraucht hatte.

Dann kam 1870, dann kam Sedan, dann kam die Annexion Elsaß-Lothringens im Frankfurter Frieden. Das machte für Generationen die blaue Linie der Vogesen zum unheilbaren Trauma für die Franzosen.

Es ist heute erschütternd zu lesen, wie die Nachfahren der Madame de Staël, die großen Geister Frankreichs, Ernest Renan zum Beispiel, sich vor Schmerz beugten, als sie glaubten, sehen zu müssen, daß ihr Deutschlandbild – Deutschland, das Land der Dichter und Denker! – nun ein Irrtum geworden war; daß diese Deutschen machtgierige Eroberer geworden waren, ungeistige Menschen, die an nichts anderes glaubten als an die Macht und den Erfolg. Ein tiefer Schmerz der Enttäuschung zog in die Herzen gerade der Elite der Franzosen ein, gerade jener, die Deutschland lieben wollten! Wie konnte man Elsässern, wie konnte man Lothringern das Vaterland rauben, Provinzen, deren Bevölkerung mit ganzem Herzen an Frankreich hing, deren junge Mannschaft vor sechzig Jahren die Trikolore mit um die Erde getragen hatte? Was sagen die Deutschen: die Elsässer sprächen deutsch? Aber was bedeutet das gegenüber dem sich dauernd wiederholenden Plebiszit, durch das man sich in die französische Nation eingebürgert hatte! Eine Nation ist das Produkt einer moralischen Entscheidung, sagte man in Frankreich, und nicht eine Sache der Identität des Idioms, in dem man sich unterhält. Zwischen dem deutschen Denken in der Kategorie des Volkstums und dem französischen Denken in der Kategorie der Nation war ein Dialog nicht möglich. Ein solcher Zustand ist das Klima, in dem Mythen gedeihen.

Da gab es den französischen Mythos vom ewigen Deutschen, der immer wieder aus seinen Wäldern ausbricht, um den Limes der Latinität, der Zivilisation zu durchbrechen und Hesperien zu verheeren. Dieser Deutsche ist der Feind der Menschheit, denn er kennt nicht das in sich ruhende Sein, er kennt nur das Werden. Wie soll aber eine Welt bestehen, die nie dazu kommt, in sich selber zu ruhen, die dauernd »wird«? Kann da Vernunft herrschen? *La douceur de vivre?*

Überall *incertitudes allemandes!* Lieben diese Deutschen nicht eigentlich den Tod mehr als das Leben? Ist ihnen nebuloses Waldesdunkel nicht heimischer als die Helle der Mittagshöhe und der Abendröten? Ist dieses Volk nicht dazu ausersehen, die Gegenwelt zur unsrigen zu verkörpern und immer wieder sich in Marsch zu setzen? Wenn wir Franzosen bleiben wollen – wenn wir Zivilisierte bleiben wollen –, müssen wir uns da nicht auch geistig von den Deutschen abheben?

Und da gab es den *deutschen* Mythos vom ewigen Welschen, der keine Tiefe habe, sondern nur glänzende Oberfläche; dessen Geist leere Vernunft sei und nicht erfüllte Seele. Der Franzose ist der ewige Reichsfeind, der den Deutschen immer verwehrt hat, was er selbst für sich in Anspruch nahm, nämlich die politische und staatliche Einheit der Nation. Die größte Tat der deutschen Geschichte ist neben Sedan die Schlacht im Teutoburger Wald, da Hermann der Cherusker die Legionen des Varus schlug; neben ihm ist der größte Deutsche Bismarck. Gegen welsche Habsucht und welschen Neid gilt es, ewig auf der Hut zu sein. Es gibt drüben manches Angenehme zu holen – aber nur in kleinen Dosen, sonst verführt es uns von der Deutschheit weg. Unsere Aufgabe ist, immerdar die Wacht am Rhein zu halten …

Wir wissen alle, daß erlauchte Geister anders dachten und daß sie sich dieses Zustands des deutschen neuen Selbstbewußtseins schämten. Aber in solchen Dingen machen nicht immer die erlauchten Geister die Geschichte der Völker, sondern das mittlere Gewächs und jene, denen die Befriedung von archaischen Gemütsbedürfnissen wichtiger ist als Fruchtbarmachung des Geistes.

Der entscheidende Umschlag kam nach dem Zweiten Weltkriege. Die beiden Weltkriege mögen mancherlei Ursachen gehabt haben; sicher ging es dabei jenen, die diese Kriege wollten, in hohem Maße um materielle Dinge; aber ohne die Mentalität der beiden Völker, wie sie hier beschrieben wurde, wären diese Kriege letztlich nicht möglich geworden. Vielleicht gehört es zu den Listen der Idee und der Geschichte, daß, was aus dem schrecklichsten dieser Kriege, dem Zweiten Weltkrieg, hervorging, die Möglichkeit schuf, daß Franzosen und Deutsche wieder Freunde werden könnten.

Der Ausgang des Ersten Weltkrieges hatte Elsaß und Lothringen Frankreich zurückgegeben. Die blaue Linie der Vogesen hörte auf, die Leidenschaften primär zu fixieren, obwohl man glaubte, sich auf eine Revanchepolitik der Deutschen einstellen zu müssen. In Deutschland wurde die »Annexion«, wie man zuerst sagte, sehr schmerzhaft empfunden; aber außer bei vertriebenen Elsässern und Lothringern wirkte sich dieser Schmerz doch wohl nur in bestimmten Kreisen, und dort eher rhetorisch als politisch aus. Die Politik, Deutschland durch unerfüllbare Reparationsverpflichtungen politisch und ökonomisch mattzusetzen, wühlte die Geister und die Gemüter viel mehr auf, zumal ein jeder unter der schrecklichen Inflation zu leiden hatte, die ganz allgemein für eine gewollte Wirkung der französischen Politik angesehen wurde. Dies schuf böse Ressentiments in Deutschland gegen Frankreich, während man in Frankreich selbst die Deutschen als böswillige Schuldner ansah, die sich bewußt zahlungsunfähig machten, um sich um ihre Verpflichtungen drücken und den Versailler Vertrag als Stück Papier betrachten zu können, das man bei nächster Gelegenheit in Fetzen reißt.

Schlimmer war jedoch etwas anderes: Die Deutschen, vor allem die »Akademiker«, die studentische Jugend insbesondere, akzeptierten die Niederlage nicht. Man fühlte sich im Felde unbesiegt; ja, man fühlte sich – *per definitionem* – als unbesiegbar, denn nach dem Willen der Weltgeschichte hatte jetzt deren »deutsche Phase« zu beginnen. Wenn der Krieg doch verlorengegangen war, so nur, weil dunkle Mächte am Werke gewesen waren, die den Willen der Geschichte zu verfälschen Grund hatten: Juden, Freimaurer, Jesuiten usw. Man war es also dem deutschen Volke, ja, der Idee, die sich in der Geschichte verwirklichen will, schuldig, diesen Irrtum der pragmatischen Geschichte vor der »reinen« Geschichte zu korrigieren. Diese Art zu denken – oft sehr unbewußt zu denken – schürte in Deutschland gerade in den akademischen Kreisen und den Schichten, die meinten, Preußen-Deutschland verkörpere sich in ihnen besonders, einen brennenden Nationalismus, in dem gleich neben lauterer Vaterlandsliebe recht trübe Impulse und Ideologien ihr Unwesen trieben. Frankreich, das diese Dinge sah und kein rechtes Zutrauen zur Endgültigkeit seiner durch die Friedensverträge erlangten hegemonialen Stellung hatte, fühlte sich in seiner Auffassung vom ewigen Unruhestifter bestätigt, zumal die Stimmen jener Kreise, die in der Heimholung der an Polen abgetretenen Gebiete eine vaterländische Aufgabe sahen, Frankreich, das Polens Verbündeter war, sehr bedrohlich in den Ohren klingen mußte.

Dann kam der Nationalsozialismus mit der Besetzung

Frankreichs und den Greueln der Gestapo. Dann kam der Zusammenbruch des Dritten Reiches mit der Besetzung deutschen Gebietes auch durch französische Truppen. Zu Beginn einer Besatzungszeit pflegt es nirgends in der Welt sanft zuzugehen, zumal wenn eine Besatzung von den Besatzern als Revanche für die vorhergehende Besetzung ihres eigenen Landes betrachtet wird. Doch seltsam: In Deutschland hat die Besetzung durch die Franzosen kein Trauma hinterlassen, und in Frankreich hat die Besetzung deutschen Gebietes durch französische Truppen manches Trauma, das deutsche Besetzungen Frankreichs zurückgelassen hatten, aufgelöst. Es zeigte sich, daß in solchen Fällen die besetzten Länder die Besatzungsschlacht moralisch und sympathetisch zu gewinnen pflegen …

Aber wichtiger war die Wendung, die sich nach dem Zweiten Weltkrieg im deutschen Geschichtsbewußtsein vollzogen hat. Dieses Mal glaubte niemand mehr in Deutschland, daß man den Krieg entgegen dem Willen des Weltgeistes verloren habe. Nunmehr konnte jeder mit eigenen Augen sehen, daß der Weltgeist eindeutig auf seiten der stärkeren Bataillone stand. Nun konnte kein »Im Felde unbesiegt« mehr gelten. Nun bedurfte es nicht mehr der Arbeitshypothese der dunklen Mächte, um sich bewußt zu machen, warum man den Krieg verloren hatte. Der Weltgeist brauchte uns also auch keine Korrektur der Geschichte mehr aufzugeben.

Weiter: Die totale Niederlage mit allem, was sie im Gefolge hatte, hat in den Deutschen das Sendungsbewußtsein ausgelöscht – im Guten wie im Bösen. Nun glaubt wohl keiner in unserem Volke mehr, um das Gute vorwegzusagen, den Deutschen sei aufgegeben, als eine Art von Menschheitsnation stellvertretend für andere das Gute und Schöne in sich darzustellen und über den deutschen Geist und die deutsche Tugend in der Welt auszusäen. So schön diese Idee ist – sie ist noch immer gefährlich geworden, wenn sie in die Hände der Epigonen und Subalternen kam.

Es glaubt aber auch niemand mehr in Deutschland daran, daß wir – die war die Säkularisierung der Idee der »dienenden Menschheitsnation« – kraft unserer Tätigkeit die Aufgabe hätten, die übrige Welt auf unser Tüchtigkeitsniveau heraufzuheben und, wenn es nicht anders gehen sollte, bei ihr nach dem Rechten zu schauen. Dies ist vorbei.

Vorbei ist auch die Vorstellung, wir brauchten für unser tüchtiges Volk, dem ein zu enger Raum verwehre, alle seine Kräfte voll zu entfalten, neuen Lebensraum, im Osten vor allem. Wir haben gesehen, wohin der Ritt gen Osten geführt hat. Und obendrein haben wir von Schweizern und Schweden gelernt, daß sich industrielle Tüchtigkeit auf friedlichen Wegen Lebensräume in Form von Absatzgebieten, die freiwillig, kraft unserer besseren Angebote zu Kunden werden, schaffen kann.

Kurz und gut, wir Deutsche sind pragmatisch geworden. Wir glauben nicht mehr, daß die Geschichte eine heilige Geschichte ist, die den Völkern von Ewigkeit her bestimmte Menschheitsaufgaben zu lösen gibt. Es gibt die Vorstellung nicht mehr, daß wir ein *sacrum imperium* zu errichten oder zu erstreben hätten. Wir sehen in der Geschichte nicht mehr einen Auftrag, etwas Aufgegebenes zu erfüllen, die fällige Phase eines Heilsplans für die Welt zu vollstrecken, sondern wir sehen in der Geschichte das täglich wiederholte Gebot, mit uns selber fertig zu werden und das Notwendige möglich zu machen. Dieses Notwendige aber betrifft ganz und gar uns selbst und ragt über unsere Grenze nur so weit hinaus, als jene »anderen« mit uns der gleichen Meinung über ein Notwendiges sind, das es möglich zu machen gilt.

Damit ist es schwer geworden, sich die Deutschen als die ewigen Limes-Stürmer vorzustellen. Haben wir doch nicht einmal in unserem eigenen Land einen Limes zu stürmen vermocht! Damit wird es schwer, sich uns als die Träger des ewigen Werdens vorzustellen, nachdem wir doch aller Welt sichtbar gemacht haben, wie sehr wir uns bemühen, Halt im Beständigen zu finden, in den Realitäten nämlich, die außerhalb aller Mythen und aller Mystik stehen und wirken. Wir Deutsche hatten in den letzten Jahrzehnten Gelegenheit genug festzustellen, daß für die Franzosen die *raisons de cœur* soviel zählen wie die *raisons de la raison*, und daß in der Ehrfurcht vor der Oberfläche der Dinge ein redlicheres Ausloten der möglichen Tiefen liegen kann als im Trüben seichten Wassers, das man um seiner Undurchsichtigkeit willen tief nennt.

Dieser Bewußtseinswandel auf beiden Seiten macht ein neues Verständnis zwischen unseren Völkern möglich. Das Tragische ist daraus verschwunden, mit all dem Fruchtbaren, das es in Schmerzen geboren hat. Aber die Schmerzen dieser tragischen Geburten waren zu bitter, so furchtbar bitter, daß das Fruchtbare überzahlt war, ja, daß es in diesem Chaos von Schmerz ertrank. Ich möchte nicht, daß dies wiederkommt. Wir werden das Fruchtbare unserer Nachbarschaft anderswo suchen müssen als in den tragischen Möglichkeiten, die sie barg.

Dieses »anderswo« wird nicht so reizvoll sein; es wird banaler sein, vielleicht hausbackener, wie eine Ehe, die man nicht aus Verliebtheit in das Absonderliche des anderen geschlossen hat, sondern weil man erfahren durfte, daß man recht gut zueinander paßt und daß die Unterschiede beider Partner komplementäre Ergänzungen möglich machen, wobei kein Verschiedenes das andere auslöscht oder befehdet. In einer solchen Ehe kommt die Liebe oft schlicht aus dem Verheiratetsein und seinen Implikationen hervor; sie wird immer zärtlicher und fester zugleich, je mehr sich zeigt, daß man gut gewählt und gut gewerkt hat. Da findet man auch zur Innerlichkeit des anderen einen sicheren Weg. Da versteht man, warum er manche Ziele auf anderen Wegen suchen muß als wir, und daß das scheinbare »anderswo« seiner Ziele nichts anderes ist als Täuschung auf Grund perspektivischer Verschiebung der Kulissen.

Ich meine, daß wir dann miteinander den *Faust* zusammen mit dem *Candide* werden lesen können; daß wir, ohne eine Perle aus unserer Krone zu verlieren, zusammen entdecken können, was unsere Klassik und unsere Romantik etwa Jean-Jacques Rousseau verdanken, und was das französische 19. Jahrhundert alles der deutschen Klassik und Romantik in Dichtung und Philosophie verdankt, von Balzac angefangen bis zu den Surrealisten und Jean-Paul Sartre – ja, wir werden dann vielleicht gemeinsam erkennen, daß wir in dem Hader, der uns so oft blutig geschunden hat, verkannte Brüder waren, die sich in Haßliebe suchten, einer im Spiegel des anderen sich zu erkennen suchend.

So wie eine gute Ehe sich um eine gemeinsame Aufgabe herum zusammenfindet, so kann aus einer gemeinsamen Aufgabe, an die wir beide, Deutsche und Franzosen, uns machen, eine gute Freundschaft werden. Wir haben diese Aufgabe vor Augen: Sie heißt Europa. Wir haben das Handwerkzeug dafür: eine Reihe von Verträgen, die Römischen

Verträge insbesondere, und nun sogar einen handfesten deutsch-französischen Freundschaftsvertrag. Fangen wir mit diesen Instrumenten an, den Boden zu bereiten, in den wir säen können, was der Welt mehr zu bringen hat, als was von uns hineingegeben wurde!

Es wird Mühsal genug sein, denn wir werden, jeder in uns selber, zunächst einiges »abmachen« müssen, ehe wir dieses Europa machen. Doch hüten wir uns, nachdem wir die verhängnisvollen Mythen abgetan haben, vor ebenso verhängnisvollen Illusionen. Vor der Illusion vor allem, der Freundschaftsvertrag und die wechselseitige Beruhigung unserer Gefühle, die ihn psychologisch möglich machte, seien schon Freundschaft. So wie die Nation ein Plebiszit ist, das sich jeden Tag wiederholt, so ist die Freundschaft etwas, das jeden Tag durch neue Freundestat neu begründet werden muß. Dies kann nicht besser geschehen als durch Redlichkeit des Aufeinander-Zugehens, des im ganzen Ausmaß der eigenen Kräfte Ans-gemeinsame-Werk-Gehens – vor allem aber dadurch, daß man den anderen als den will, der er ist, und daß wir nicht auf ihn ein Wunschbild projizieren, in dem wir ihn zu lieben bereit sind. Solche Projektionen schwinden mit dem Wechsel des Sonnenstandes. Ganz schlimm wäre es, wenn wir Vorbehalte machten. Jede Erfahrung zeigt, daß im Laufe der Zeit der Vorbehalt das Vorgegebene mehr bestimmt als der Handschlag, der es einleitete.

Seien wir guten Mutes und dem anderen gegenüber generös, zum anderen, aber auch zu uns selbst. Was ich am Anfang gesagt habe, ist wahr: Nur ein Volk, das es fertigbringt, sich trotz seiner Mängel selbst zu lieben – nicht zu vergötzen! –, kann erwarten, daß andere Völker ihm Freundschaft entgegenbringen.

# DER EUROPÄISCHE MENSCH

Wie ist es möglich, daß diese zerklüftete Halbinsel Asiens, die sich Europa nennt, eine Einheit werden konnte? Nichts scheint sie dazu ausersehen zu haben: sie erstreckt sich vom Eismeer bis zu den warmen Gestaden des Mittelmeeres, dessen südliche Küsten zu Asien und Afrika gehören; sie ist von vielen Völkern besiedelt, die verschiedene Sprachen reden und so verschieden aussehen, wie man es sich nur vorstellen kann. Ihre Völker sind später in die Geschichte eingetreten als die anderer Kontinente; sie alle haben von diesen anderen Welten unendlich viel übernommen – und doch ist ein eigenwüchsiges Ding entstanden, eben dieses von allen anderen Kontinenten wesensverschiedene Europa, das in seiner Mannigfaltigkeit eine innere Einheit bildete, ausbildete, und schließlich den anderen Kontinenten mehr zurückgab, als es von ihnen erhalten hatte, und noch imstande war, das ganze riesige Amerika zu besiedeln und »europäisch« zu machen.

Wie ist das gekommen? Die reiche geographische Gliederung – diese vielen Buchten, Inseln, Halbinseln, Gebirge, Ebenen, Strombette, Klimate – hat an den verschiedensten Orten die Völker gezwungen – man könnte auch sagen: den Völkern Gelegenheit gegeben –, das allgemeinmenschliche Gesetz den verschiedensten Umweltsbedingungen anzupassen und immer anderen Herausforderungen der natürlichen und geschichtlichen Umstände zu begegnen. Das hat eine große Vielfalt von Kräften des Geistes und des Willens ausgebildet. So ist es nicht weiter verwunderlich, daß in den Frühzeiten unserer Geschichte die Völker Europas mehr auseinanderstrebten – in ihren Sitten, Religionen, ihren Vorstellungswelten – als sich in einem in sich geschlossenen Welt- und Menschenbild zusammenzufinden. Es darf auch nicht in Erstaunen setzen, daß in der Frühzeit die Völker im Süden Europas – insbesondere die Griechen, die Spanier – sich sehr viel mehr den Nachbarvölkern Afrikas und Asiens gebend und nehmend zuwandten als den Europäern im Norden der Alpen. Sie trieben mit deren Fürsten Handel, aber zu einem Austausch geistiger Güter kam es offenbar kaum. Europa war damals auf das nördliche Küstengebiet des Mittelmeers beschränkt, jenes Meeres, in dessen Mittelpunkt die Insel Kreta lag, an deren Gestade einst der Sage nach der Donnergott Zeus in Stieresgestalt die asiatische Königstochter entführt haben soll, die Europa hieß.

Dort, in diesem Inselreich, in jenem angrenzenden Festlande, das wie Polypenarme ins Meer greift, an jener Nahtstelle zwischen Nord und Süd, in Griechenland, fingen die geistigen Quellen an zu fließen, die in der Abfolge vieler Jahrhunderte zu dem mächtigsten Strom zusammenflossen, dessen lebensspendende Fluten, sich in viele Arme zerteilend, die Völker unseres Erdteiles ernährten und sie zu Kindern einer Nährmutter machten, wie einst der Nil die Völker Ägyptens.

Was dort an Keimen aufgegangen ist, wurde durch Rom zur Reife gebracht und über die Welt hin getragen bis hoch hinauf in den kymerischen Norden. Dann hat es sich mit dem Glauben an den *einen* Gott, der auf dem Berge Sinai den Menschen offenbart worden ist, und mit dem Glauben an Jesus Christus den Gekreuzigten, Sohn jenes *einen* Gottes, in einer unlöslichen Gemeinschaft verbunden, bis dieser Glaube das Griechische und das Römische vom Süden her bis zum Eismeer, von den Küsten des Atlantischen Ozeans bis zum Ural getragen hat. Als dies geschehen war, war aus der Vielfalt von Völkern in den tausend Winkeln dieser kluftenreichen Halbinsel Asiens unser Europa geworden. Und als von Süden her eine andere Religion, der Islam, die Völker an den südlichen Gestaden des Mittelmeers ergriffen hatte, schob sich für anderthalb Jahrtausende zwischen die Entwicklung in den Gebieten nördlich und südlich des Mittelmeers eine trennende Wand, hinter der nun der auf sich allein angewiesene nördliche Bereich zusammenwachsen konnte und mußte. Einheit wird manchmal durch das Bewußtsein des Gegensatzes zu einem Dritten geschaffen. Und dies ist, auf die Zukunft hin bezogen, eine melancholische Bemerkung: Was jenseits dieser Trennungslinie von gestern liegt, nennen wir heute die unterentwickelten Gebiete – vergessend, daß wir jahrhunderte-, jahrtausendelang ihnen (Ägyptern, Persern, Indern, Chinesen) gegenüber recht unterentwickelt gewesen sind. Was wird die Weltuhr morgen anzeigen?

Wir Europäer sind stolz darauf, daß wir die Gesetze der Natur erforscht und durch unser Wissen um sie die Naturkräfte unserem erkennenden Willen dienstbar gemacht haben. Viele von uns meinen, dies sei uns angeboren gewesen und es hänge also mit unserer Rasse zusammen, könne uns nie verloren gehen, könne anderen nie zuwachsen. Nichts ist lächerlicher als diese Annahme. In Europa von Rasse zu sprechen, ist Unsinn. Dieses unser Vermögen ist uns nicht angeboren; es ist das Ergebnis einer langen Erziehung, zu der die verschiedensten Völker und Rassen Geisteskräfte und

Seelenkräfte beigetragen haben. Griechen waren unsere Lehrer, Römer sind es gewesen, Menschen des Vorderen Orients nach ihnen. Freilich ging der Anstoß von den Griechen aus, die durch viele Mittler hindurch auf uns gewirkt haben, Mittler, in denen der Funke des auf die Erkenntnis des Wesens der Dinge von der Vernunft her hinstrebenden Geistes zuerst gezündet hat, bis er auf uns übersprang.

Auch *vor* den Griechen haben die Menschen versucht, zu begreifen, was denn die Welt in ihrer Vielfalt zusammenhalte; sie sahen ihr Wesen in einer Art Allbeseeltheit; Götter walteten in ihr. Nicht Wissenschaft, sondern die Sagen der Alten gaben von ihren Geheimnissen Kunde. Man hatte ihren Sinn und ihr Wirken nicht in Begriffe zu fassen; man hatte sie selber und ihren Wandel zu erleben und fromm zu ehren. Wissen kam den Menschen aus den Wahrsprüchen der Orakel und der Seher. Über allem aber waltete ein unerforschliches Schicksal; überall waren durch Zauberei zu entbindende und zu bannende Kräfte verborgen. Das und die unseren Sinnen sich offenbarenden Erscheinungen galten als das Wesen der Dinge. Die Elemente beherrschte man nicht durch Erkenntnis der mechanistischen Kausalitäten, sondern durch Magie.

Da kamen weitgereiste Griechen – Thales aus Milet, Anaxagoras – auf den Gedanken, zwischen den sich unseren Sinnen darbietenden, so oft dem Wandel der Zeiten unterworfenen und vom Betrachter selbst abhängigen Erscheinungen und dem unveränderlichen Wesenskern der Dinge zu unterscheiden. Sie glaubten, beweisen zu können, daß es Wirklichkeiten, ein Sein gäbe, das vom Betrachter, von Raum und Zeit unabhängig und sich immerdar gleich ist – *φύσει* –, und das sich von anderem abhebe, das nicht durch sich selber ist, sondern das geschaffen hat und daher von Zeit und Raum und vom Menschen selbst abhängt – *θέσει* –. Nur in ersterem liege die wirkliche Wirklichkeit der Welt; das andere seien nur trügerische Erscheinungsbilder, die das Seiende des Seins, das An-sich-Sein der Dinge mehr verschleiere als enthülle. Das wirkliche Sein sei identisch mit dem Urprinzip – *ἀρχή* – alles Werdens und Gewordenen.

Platon und Aristoteles stießen nach. Sie und ihre Nachfolger fanden darüber hinaus, daß der Mensch das Vermögen besitze, in die Geheimnisse dieser Wirklichkeit einzudringen und daß dieses Vermögen die Vernunft sei, die seinem Geiste eingeboren ist. Sie fanden weiter, daß diese Vernunft sich auch in sich selber nach bestimmten Gesetzen bewege, die vom Menschen erkannt und gehandhabt werden könnten, obwohl, ja weil sie von seinem Willen unabhängig sind und darum auch vom Wandel der Zeiten und dem Wechsel der Umstände. Verfahre der Mensch nach diesen Gesetzen – man fand den deutlichsten Beweis ihrer Geltung in der Geometrie – dann fände er auch Wesen und Gesetzmäßigkeit der Wirklichkeit zu erkennen. *Μηδεῖς ἀγεομέτρητος εἰσίτω*! stand über der Pforte der Akademie. Wer sich auf seine sinnlichen Eindrücke oder sein Gefühl verlasse, der gleiche einem in einer Höhle angeschmiedeten Sklaven, der die Bewegungen der Schatten anschaue und für das Wirkliche halte, die die draußen vorübergehenden Gestalten im Lichte eines vor dem Tore brennenden Feuers an die Wände der Höhle werfen. Er sieht die Schatten, aber er sieht nicht, was den Schatten wirft.

Was die Welt ist und was sie im Innersten zusammenhält, sollten uns also nicht mehr Orakel, nicht mehr von der Gottheit besessene Seher, nicht mehr Mythen, nicht mehr unser Für-wahr-halten-wollen sagen können, sondern die uns eingeborene Vernunft ausschließlich. Sie allein sollte gesicherte Erkenntnis geben können.

Freilich mochte es noch Welten geben, die jenseits des menschlichen Erkenntnisvermögens liegen und darum nur durch Offenbarung und Glauben, und nicht durch Vernunft allein, erschlossen werden können – jedenfalls aber vermöge die Vernunft dabei zu bestimmen, wo die Grenze zwischen der Erkenntniswelt und der Glaubenswelt liegt. In der einen möge der Mensch vom Glauben her leben; aber dann auch sich, glaubend, auf sie beschränken. In der anderen müsse er vom Wissen um die rational beweisbare Wahrheit aus handeln.

Aus diesem Grundsatz ist die europäische Philosophie erwachsen, jene Art, sich mit der Wirklichkeit vom Denken her zu befassen, die sich so sehr von der Art unterscheidet, die den Völkern anderer Kontinente eigen ist. Sie hat sich in unendliche Verzweigungen aufgespalten, in denen, wer den Blick nur auf das Einzelne richtet, nichts bemerken wird als Verschiedenheiten. Schaut man aber alle Rinnsale aus genügender Höhe an, dann sieht man, daß sie Ausfluß und Einfluß eines einzigen Stromes sind, der von Griechenland aus in tausend Windungen, immer wieder durch Stromschnellen unterbrochen und neu bewegt, quer durch alle Länder Europas fließt und dort ein ganz bestimmtes Eigenleben erweckt hat und erhält. Er hat uns die Wirklichkeit außer uns und die Wirklichkeit in uns in immer größere Tiefe und Weite erschließen lassen.

Da kam die Zeit, da der Mensch sich nicht mehr damit begnügen wollte zu erkennen, was ist, sondern daß er darüber hinaus auf Grund der Ergebnisse seiner Erkenntnisse die

Natur seinem Willen unterwerfen zu wollen begann. Das setzte voraus, daß er seinen Willen unter den Zwang der Beweisbarkeit der Erkenntnisse seines Denkens stellte. Die vom Allgemeinen auf das Besondere schließende Logik sollte nicht mehr auf sich allein gestellt werden; nur dort, wo ihre Aussagen sich mit der Beobachtung – dem Experiment also – deckten, sollten ihre Aussagen als bewiesen und damit als wahr gelten. War erwiesen, daß sich ein Vorgang bei gleichbleibenden Voraussetzungen in immer wieder gleicher Weise wiederholte, dann konnte man sicher sein, ein Naturgesetz gefunden zu haben. Dieses Naturgesetz nun ließ sich mit anderen Naturgesetzen zu einem System vereinigen, und die Beherrschung dieses Systems im ganzen gab dem, der sich zu seinem Herrn machte, indem er ihm gehorchte, die Macht über den Bereich der Natur, den das System umfaßte. Natura parendo vincitur, wird Bacon eineinhalb Jahrtausende nach Archimedes sagen, der nicht mehr brauchte als einen Fuß breit festen Bodens, um mit Mathematik allein die Welt aus den Angeln zu heben. Zunächst war dieser Bericht klein; er wurde aber immer größer, und heute gibt uns das Wissen darum nicht nur die Möglichkeit, in die Welt der sinnfälligen Größenordnung, sondern auch in die Welt des Allerkleinsten und des Allergrößten, die unsere Sinne und die auf ihn gründenden Vorstellungsmöglichkeiten nicht mehr auszuloten vermögen, einzudringen.

Bearbeitung, Gestaltung und Umgestaltung dessen, was uns die Natur in die Hand gibt, hat es gegeben, seit der Mensch zum ersten Mal einen Stein mit einem härteren Stein zerklopfte, um handlichere Stücke zu irgendeinem Zwecke zu erhalten. Überall sind Handwerk und Künste entstanden; überall hat der Mensch Gewaltiges geschaffen –

man denke nur an die Pyramiden und die Weltwunder des Altertums. Aber die Technik als angewandte wissenschaftliche Erkenntnis vom Verhalten der Welt des Ausgedehnten ist nicht nur eine Erfindung des europäischen Geistes, sondern etwas, in dem er sein Besonderes in ganz besonderem Maße immer wieder verwirklicht hat und verwirklichen wird.

Was wir Technik nennen, ist eine auf der genauen Kenntnis der Naturgesetze und der Berechenbarkeit ihrer Wirkungen beruhenden Methode, die uns nicht nur erlaubt, zu erkennen, was die Natur *ist*, sondern darüber hinaus uns durch diese Erkenntnis die Macht gibt, die Naturkräfte unserem *Willen* nach unseren Entwürfen zu unterwerfen. »Knowledge is power«, sagt Bacon, nicht Magie, nicht Spiritualität. Es macht dabei keinen Unterschied, ob diese Kräfte in den Stoffen liegen, die wir die Materie nennen – den Elementen also –, oder ob sie sich in dem auswirken, was wir die Elektrizität nennen oder das Licht, die für unstofflich gelten (oder galten ...). Es führt *ein* Weg vom errechneten Bau der ersten Hebewerkzeuge durch den Griechen Archimedes zu den Dampfmaschinen, zu den Riesenfernrohren, die uns den Weltraum erschließen, den Mikroskopen, die uns das unendlich Kleine sichtbar machen, zu den kunstvollen Geräten, die Töne und Bilder sogar ohne leitenden Draht über weiteste Räume senden, zu den Raketen, mit denen wir künstliche Monde um Sonne, Mond und Erde kreisen lassen. Die Umwandlung des Wissens in Wissenschaft und der Wissenschaft in Technik ist in ganz besonderem Maße eine europäische Leistung und etwas, in dem sich der Europäer als Europäer verwirklicht. Sie hat ihm die Herrschaft über die äußere Welt gegeben – lange Zeit sogar die politische Herrschaft über den Erdkreis ... Die Herrschaft über die innere Welt des

Menschen, die Seele nämlich, haben andere, vor allem asiatische Kulturen wahrscheinlich in höherem Maße zu erwerben vermocht als wir. Doch auch diese Völker übernehmen nun in steigendem Maße von Europa Wissenschaft und Technik, sicher nicht ohne dadurch verwandelt zu werden, wie wir einst durch übernommenes fremdes Denken verwandelt worden sind – und heute schon haben sie uns damit die einstige politische Herrschaft über die Welt genommen und uns auf unseren Erdteil zurückgeworfen. Morgen vielleicht wird, was von uns dorthin ausgegangen ist, uns einschnüren und bedrohen. Heute schon bedrängt es uns.

Der erste Schritt auf diesem Wege wäre nicht möglich gewesen, wenn nicht schon recht früh den Griechen aufgegangen wäre, daß der Mensch nicht nur Objekt biologischen Zufalls oder der Verstrickung in die Netze eines blind waltenden Schicksals oder von allen Schranken lediger, sehr launischer – menschlicher – Gottheiten zu sein braucht. Wohl vermochte in den frühen Zeiten allein die blutmäßige Abstammung die Zugehörigkeit zu einem bestimmten Verband, vor allem zum Stamme, zu bestimmen; wohl erscheint in den alten Sagen der Mensch, ein Ödipus etwa, als der Spielball eines Schicksals, das stärker ist als jede menschliche Klugheit und Berechnung – aber schon mit den griechischen Liederdichtern des 6. Jahrhunderts tritt der Mensch auf als ein Wesen, das sich selbst genügt und durch sich selber ist, was es ist. Er erlebt sich als ein Wesen, ein »Ich«, das sich selbst bestimmt, und nicht als ein Wesen, das von außer ihm liegenden Mächten zu dem gemacht wird, was er ist. Der Mensch erlebt sich als frei.

Freilich gab es die übermenschlichen Mächte nach wie vor. Darum mußte der Mensch auch immer wieder mit ihnen in Konflikt kommen. Denn so frei er sich erlebte, so sehr nahmen sie ihr Recht in Anspruch, seiner Freiheit ihre Ordnungen entgegenzusetzen. In dem darüber entstehenden Konflikt siegten beide: die »Mächte«, indem sie in ihrer Unberührbarkeit bestätigt wurden; der Mensch, indem er, wissend um das eigene Recht dieser Ordnungen, sie bricht, und so schuldig geworden in freier Sühne untergehend sowohl die »Ordnungen« als auch seine Freiheit bestätigte und durch seinen Opfergang beide Welten miteinander versöhnte. Die Polis und der Nomos, das Recht, das der Staat spendet, sollte das Siegel auf dieser Versöhnung sein. Das Lebensgefühl der tragischen Dichtung der Griechen ist bis zu unseren Tagen ein bestimmender Faktor und Ausdruck des europäischen Geistes geblieben.

Da die Menschen aber etwa zu gleicher Zeit erfahren hatten, die Welt, zu der sie ja auch gehörten, als einen durch das Denken erfaßbaren Zusammenhang begreifen zu müssen, fanden sie eine andere Freiheit zur tragischen hinzu, nämlich die Freiheit, das Freisein des Menschen mit der vernünftigen Gesetzlichkeit der Welt, ihrer Denknotwendigkeit also, die in sich selber keinen Widerspruch zwischen Sollen und Sein zuläßt, in Einklang zu bringen. Die Menschen taten dies, indem sie auch das Sittengesetz auf das Fundament der Vernunft abstellten, so daß der Mensch seinen Trieben von seiner Erkenntnis her Zügel anlegen konnte, und nicht nur weil er sonst die strafende Hand einer übermenschlichen Macht zu fürchten hätte.

Ein weiterer Schritt war, daß die Menschen auch den Staat als etwas begriffen, das nicht einfach durch Herkommen gerechtfertigt werden kann oder, durch den Zufall der Machtverhältnisse entstanden, im Gewissen verpflichtet.

Auch der Staat sollte sich vor der Vernunft und der wissenschaftlich ausgewerteten Erfahrung rechtfertigen müssen; dies bedeutete, daß sein Recht nicht bloße Willkür eines Übermächtigen sein durfte, sondern mit der von der Vernunft her begriffenen und erfahrenen Natur des Menschen und seiner Welt in Einklang stehen mußte. Die Übereinstimmung mit dem Naturrecht wies einen Staat als richtig aus und nicht die bloße Macht eines Herrschers, der stark genug war, Menschen unter seine Botmäßigkeit zu zwingen.

Schließlich fand man die Erkenntnis, daß alle Menschen an der sich überall gleichen Weltvernunft teilhätten; daß also die biologischen und geschichtlichen Unterschiede innerhalb der Menschheit nur das Zufällige und Äußerlichste betreffen: alle Völker und Menschen seien wie die Zweige und Blätter eines und desselben Baumes. Dies lehrten die Stoiker, die Schüler des Zenon – und dies ist bis auf unsere Tage ein europäischer Glaubensartikel geblieben, selbst in Zeiten, da wir gegen ihn gesündigt haben. Darauf beruht das Bewußtsein von der Einheit alles Menschlichen, und daraus folgt die Vorstellung eines allgemeinen Menschheitsverbandes und der Begriff der Menschlichkeit überhaupt, die keine Grenzen kennt und der zu dienen die eigentliche Aufgabe des von der Vernunft mit sittlichem Bewußtsein angefüllten Menschen sei. Dieser Dienst aber kann nur darin bestehen, die Ordnung der Menschen in immer stärkerem Maße mit den Geboten der Vernunft in Einklang zu bringen.

So wurde der Begriff der Humanität und der Zivilisation geboren, diese so europäische Vorstellung, daß man nicht nur einen *Glauben* über die Erde hin zu verbreiten habe, sondern eine auf der Anwendung der Erkenntnisse der Vernunft beruhende allgemeinmenschliche Gesittung, die auch in den verschiedensten geschichtsbedingten Formen die eine und dieselbe gemeinmenschliche Würde ausmacht.

Das Römische Reich ist so gewesen, daß es die Verbreitung dieses neuen Denkens über den Erdkreis des Altertums hin möglich gemacht hat. Zwar waren Philosophie und Dichtung Roms an Originalität und Tiefe denen Griechenlands nicht ebenbürtig, aber die innere Geschlossenheit und die Weltweite des römischen Staates und Rechtes vermochten es, dem neuen Wissen universale Verbreitung zu verschaffen. Von allem Anfang an haben die Römer, ausgehend vom »Alle für einen, einer für alle« der Manneszucht ihres Heerwesens, die »Disciplina« als einen menschlichen Grundwert gefunden. Um Herrschaft zu üben und Herrschaft frei zu ertrage, muß man Herrschaft über sich selbst – vom Willen, nicht der Vernunft her – gewonnen haben. Sie bewirkt die Konzentration der Kräfte im Einzelnen wie in der Gemeinschaft, deren wir bedürfen, um Herrschaft auch über die Welt außer uns gewinnen zu können. (Corneille hat im 17. Jahrhundert diesem Lebensgefühl Ausdruck gegeben, indem er in einem seiner gewaltigsten Dramen den Herrscher sprechen läßt: »Je suis maître de moi comme de l'univers.«)

So gegensätzlich die griechische Wissenschaft der Magie Asiens war, so entgegengesetzt ist die römische Disziplin der esoterischen Askese und Triebbeherrschung der asiatischen Sadhus und Weisen: ihre Beherrschung der Triebwelt soll vom Wahn der Sinnerfüllung durch Beherrschung der Außenwelt befreien und zu bloßer Enthobenheit führen. Weltentäußerung, nicht Welterfüllung, ist ihr Ziel. Als sie mit den ersten Einsiedlern der Thebäus in das Imperium einzubrechen drohte, hat der Römer Benediktus durch das »Ora et labora« und die Gebote der Stabilitas und des

Gehorsams im Zeichen der Disciplina durch seine Ordensregel der Tugend der Disciplina (der Virtus, dem »Taugen«) im neu entstehenden Europa Eingang verschafft. Ohne das benediktinische Mönchtum hätte »Europa« eine entscheidende Komponente seiner Besonderheit nicht finden können. Zugleich damit schenkten die Römer der von ihnen mehr geordneten als unterworfenen Welt ihre Vorstellung vom Recht, dessen Aufgabe es sei, jedem unverbrüchlich und unabdingbar das Seine zuzuordnen und den Menschen der Willkür herrscherlicher Gewalt und dem Faustrecht der Anarchie zu entziehen. Die Vorstellung, daß alle Beziehungen der Menschen in das Recht eingebettet sein müßten, wenn anders die Menschen sich nicht begegnen sollten wie ein Wolf dem anderen, ist unendlich fruchtbar geworden; das Bewußtsein davon hat sehr viel dazu beigetragen, dem europäischen Menschen und der inneren und äußeren Ordnung der europäischen Völker in sich wandelnden Formen ihre spezifische Gestalt zu geben.

So konnte, sehr im Gegensatz zu den Rechtsordnungen der Völker anderer Kontinente, das Recht begriffen werden als eine Ordnung, die Menschen für Menschen geschaffen haben. Das Recht der Beziehungen von Mensch zu Mensch brauchte nicht mehr ausschließlich als Ausfluß eines bestimmten religiösen Bekenntnisses angesehen zu werden. So wurde es möglich – wenn auch immer wieder durch Rückfälle unterbrochen –, Menschen verschiedenen Glaubens in einer und derselben Rechtsordnung, die von keinem die Aufgabe seiner Glaubensartikel verlangte, zusammenleben zu lassen. Es konnte nunmehr eine Gruppe von Menschen verschiedener geschichtlicher Herkunft und unterschiedlichen Glaubens, die bisher nach eigenen, geoffenbarten

Rechten unverschmelzbar nebeneinanderher gelebt hatten – gewissermaßen wie verschiedene Völker in einem Staat – zu einer in sich geschlossenen Nation werden.

Nicht mehr die Herkunft und das religiöse Bekenntnis brauchten von nun an zu bestimmen, was zusammengehörte, sondern das gemeinsam anerkannte, in allem Nur-Menschlichen für alle gleiche Recht und das gemeinsame Bekenntnis zum gleichen Menschenbild in allem, was den Kern des Menschlichen ausmacht.

Doch neben dieser Vorstellung eines vom Staat ausgehenden Rechtes von oben her wuchs in den nördlichen Gefilden Europas ein anderes Recht heran, ein Recht, das altertümlicher und weniger bewußt ordnungsbezogen war als das römische: das Recht, das in den Wäldern und unwirtlichen Gefilden des Nordens aufgekeimt war. Darin wurde der Mensch nicht von Vernunft oder von Staats wegen als frei betrachtet; er war frei, weil er nicht bereit war, seinen Nacken unter eine Obrigkeit zu beugen, und weil keine geordnete Staatsgewalt ihn dazu zu zwingen vermochte, solange er sein Schwert und die Hilfe seiner Sippe hatte.

In einer solchen Gesellschaft konnte Recht nichts anderes sein als von Freien frei übernommene Ordnung. Nur dort, wo der Wille des Staates von denen mitgebildet wurde, die ihm zu gehorchen hatten, war der Mensch frei.

So hatte man einst auch im alten Griechenland und Rom gedacht; aber als die Völker des Nordens anfingen, mitzugestalten, was Europa werden sollte, war dies längst vorbei. Die Demokratie, diese für das Selbstbewußtsein und den Willen zur Selbstachtung des Europäers so bezeichnende Form der Bildung herrscherlichen Willens und staatlicher Ordnung, von legitimer Befehlsgewalt und freiem Gehorsam, hat ihre

Vorbilder zwar aus den Schriften antiker Philosophen bezogen, ihre Impulse aber – nach dem schönen Wort eines französischen Dichters und Staatsmannes, Lamartines – aus den Wäldern Germaniens, wobei unter Germanien die jungen Völker zu verstehen sind, die in die Geschichte eintraten, als es für die älteren Völker um das Mittelmeer herum schon Spätzeit geworden war.

Aus beidem, der Kunde aus griechisch-römischer Glanzzeit und den Impulsen der eigenen jüngeren Vergangenheit ist eine mächtige Literatur hervorgegangen, die, tiefer und tiefer schürfend, die Antriebe der Menschen und die Bedingungen der Mechanismen von Gesellschaft und Wirtschaft bloßlegend, unsere Vorstellungen vom Wesen des richtigen Staates geformt hat im Sinne eines Verhältnisses des Menschen zum Staat, das der Gemeinschaft und ihren Ordnungen alle Macht gibt, die sie braucht, um sich nach innen und außen zu erhalten, und dies, ohne den Bürger zwingen zu können, seine Freiheit preiszugeben. Rechtsstaat, Bürgerfreiheit, obrigkeitliche Gewalt und Volksherrschaft konnten damit eins werden.

Das alles hätte aber nicht ausgereicht, um Europa zu dem zu machen, was es geworden ist, wenn nicht der Glaube aller europäischer Völker an den gleichen Gott hinzugekommen wäre. Ohne religiöse Antriebe geschieht selten etwas Umfassendes und die ganze Menschheit Durchdringendes.

Dieser Glaube ist der Glaube an den auf dem Berge Sinai dem Volke der Juden geoffenbarten Einen Gott gewesen, der dann als Vater, Sohn und Heiliger Geist, der *eine* Gott der Christenheit wurde. Die Christenheit wurde identisch mit den Völkern, die das weltweite Gebiet des römischen Imperiums bewohnten. Nach dem Verlust seiner afrikanischen und asiatischen Gebiete wurde die Christenheit als geschlossene, zusammenwohnende Gruppe von Völkern identisch mit der Bevölkerung des heutigen Europa – um dann später wieder auf andere Kontinente überzugreifen und die ganze westliche Hemisphäre einzunehmen. Die *eine* allgemeine christliche Kirche der Frühzeit hat ihre organisatorische Einheit verloren – zunächst in der Abspaltung der griechisch-orthodoxen Kirche, die zur Kirche der östlichen Völker Europas wurde; dann durch die Glaubensspaltung zu Beginn des 16. Jahrhunderts, die sie in Katholiken und Protestanten – letztere dazuhin noch in Lutheraner und Calvinisten – aufspaltete –, aber sie alle blieben doch dem Glaubensbekenntnis von Nicäa treu, so sehr sie sich auch in der Auslegung der Heiligen Schriften unterscheiden mochten.

Mit diesem Glauben an den *einen*, sich in bestimmten, datierbaren geschichtlichen Akten offenbarenden, aber doch außer aller Geschichte stehenden Gott verband sich der griechisch-römische Glaube an die eine Weltvernunft. Mit dem Glauben an das einheitliche Reich dieser Weltvernunft verband sich der Glaube an die *eine* Kirche Christi. Mit dem Glauben an die Freiheit des durch die Vernunft aus dem Bann der Dämonen und der Triebwelt erlösten Menschen verband sich der Glaube an die Freiheit des durch Christi Opfertod aus den Banden der Erbsünde befreiten Getauften; mit dem Vernunftgebot des Dienstes am Menschen, dessen Idee zu verwirklichen sei, verband sich das Gebot der Liebe zum jeweils Nächsten und der Verkündigung der Heilswahrheit in aller Welt. Aus der wechselseitigen Durchdringung dieser Elemente entstand die Theologie der Christenheit, die für lange Jahrhunderte auch zur philosophischen Wirklichkeitsdeutung wurde, der gegenüber die bloße

Vernunftphilosophie nur die Stellung der Magd einnehmen sollte.

Doch mit der Glaubensspaltung – und dem damit verbundenen Zwange, einen für alle, ohne Rücksicht auf die Verschiedenheit des Bekenntnisses, gemeinsamen Generalnenner der Denkmethoden und der Begriffe zu finden, in denen die seelische und gegenständliche Wirklichkeit begriffen werden konnte – trat das Philosophieren wieder in seine Rechte ein und damit neben die Theologie. Die Neuentdeckung der Schriften der griechischen Philosophen gab dazu Anstoß und Hilfe. Glaubenswahrheit mußte vor der Vernunftwahrheit bestehen können oder als eigener Bereich neben die Vernunftwahrheit treten; jene konnte mit Hilfe der äußeren und inneren Erfahrung den Bereich der Natur, diese mit dem Licht der Offenbarungsschriften den Bereich der Übernatur erhellen. Doch blieb bei allem Ineinandergehen dennoch die Erinnerung an den gemeinsamen Ursprung erhalten: auch der an das Glaubensbekenntnis gebundenste Denker vermochte nicht den Ursprung der Methoden seines Denkens in der Philosophie der Griechen zu übersehen; und der Gottesleugner unter den Philosophen philosophierte aus dem Gegensatz zu den Aussagen der Offenbarungstheologie heraus und war damit, wenn auch im Gegensinne, durch sie mitbestimmt. Das Entscheidende für die Zusammengehörigkeit einer Vielheit ist aber nicht die Identität der geglaubten Inhalte der Aussagen, sondern die Identität der Methoden, mit denen man diese Inhalte sucht.

Es entstand, was wir den Humanismus nennen, jene Europa so eigentümliche Art, die Wirklichkeit, auch die aus der Erfahrung durch die Sinne bezogene, auf den Menschen hin und vom Menschen her zu begreifen. Was ist der Mensch angesichts des Erlebens seiner selbst? Welches sind die Gesetze der Welt, in die er hineingeboren wurde? Welches ist der Sinn seines Daseins angesichts dieser Gesetze und seines Willens zur Selbstverwirklichung? Was muß geschehen, damit er im Licht der für alle gleichen Vernunft diesen Sinn verwirklichen könne? Dies sind die Fragen, auf die alle europäischen Denker Antwort zu geben versuchten. Sei es nun, daß sie Materialisten waren, also glaubten, auch alles Menschliche werde durch materielle Ursachen bestimmt; sei es, daß sie Idealisten waren, d. h. glaubten, es gäbe jenseits der Materie eine von der Vernunft aus erkennbare Welt von Denkbildern und Werten, auf die hin der Mensch sein Tun auszurichten habe; sei es, daß sie an einen bestimmten Glauben gebundene Denker waren, also davon überzeugt gewesen sind, daß eine göttliche Verkündigung den Menschen Ursprung und Ziel ihrer Existenz und den Weg zum Ziel geoffenbart habe.

Es ist für Europa charakteristisch, daß die Gestaltungskraft seiner inneren Einheit um so stärker war, je reicher es in sich selber gegliedert war. Dies gilt nicht nur von den nationalen Kulturen, deren Summe die europäische Kultur ausmacht und ausmachen konnte, weil alle nationalen Kulturen aus dem gleichen Grundstrom des griechischen, römischen und jüdisch-christlichen Erbes gespeist waren; es gilt auch von den verschiedenen Bekenntnissen, in denen der Glaube an den *einen* Gott seinen lebendigen Ausdruck fand. Jedes von ihnen hat nicht nur durch den Zwang zu immerwährender Auseinandersetzung gleichermaßen als wahr erlebter letzter Überzeugungen den Reichtum des Denkens und Fühlens der Europäer gesteigert – es hat auch, jedes auf seine Weise, dazu beigetragen, den Ordnungen, in denen das politische, wirtschaftliche und gesellschaftliche Dasein Europas seine Form gefunden hat, bestimmte Schwerpunkte und Färbungen zu geben. So hat der Katholizismus unserem Kontinent in besonderem Maße die Tradition eines von der Teilhabe des Menschen an der Welt des Stoffes und an der Welt des Geistes, an der Natur und der Übernatur ausgehenden Naturrechtes überliefert und das Gefühl dafür bewahrt und verbreitet, daß auch dort, wo die innigste Erlebnisfähigkeit des Menschen von der Unfaßbarkeit des Göttlichen bewegt wird, *Ordnung* gefordert ist und Gebote gelten, die es uns nicht erlauben zu sagen: »Gefühl ist alles ...« Demgegenüber hat das östliche Christentum, vor allem Rußland, das Bewußtsein am Leben erhalten, daß die spontane Liebeshaltung mehr ist als die Einhaltung der äußeren Ordnung, oder daß sich das Wesentliche bei dem Armen im Geiste oft leichter finden läßt als bei den Weisen und Gesetzestreuen. Dazuhin hat seine spezifische Art, aus den Heiligen Schriften das Wasser des Lebens zu schöpfen, dem Russenvolk das Bewußtsein gegeben, in besonderem Maße gleichzeitig Träger der Last dieser Welt zu sein wie auch das Volk, das die Menschheit eines Tages auf den Weg zum himmlischen Jerusalem führen wird – und damit ein Lebensgefühl geweckt, daß noch in dem heutigen Sowjetsystem, wenn auch mit umgekehrtem Vorzeichen, wirksam geblieben ist.

Das Luthertum – der größte Teil Deutschlands, die skandinavischen Länder – hat in besonderem Maße die Bereitschaft des Menschen, *allein* aus dem Glauben zu leben und im Glauben die letzte Weisheit zu finden, angefacht; dazuhin die Hinnahme der Trennung der Bereiche der irdischen Ordnungen von denen der Glaubenswelt. Mit der besonderen

Betonung, die es den Worten des Paulus gegeben hat, daß man der Obrigkeit untertan zu sein habe, da jede Obrigkeit von Gott sei, hat es dem Staat »an sich« eine besonders starke Stellung eingeräumt, die in manchen Ländern zu gewissen Zeiten dem Entstehen demokratischer, die Herrschaft des Volkes für das Volk und durch das Volk anstrebender Bewegungen abträglich gewesen ist. Auf der anderen Seite hat seine Befruchtung durch die Philosophie des beginnenden 19. Jahrhunderts dazu geführt, daß gerade aus dem Bereich des lutherischen Protestantismus die Erkenntnis wuchs, daß auch religiöse Erscheinungen in der Geschichte stehen und in ihren Formen aus ihr zu begreifen sind, und daß man Religion haben kann, ohne seinen religiösen Glauben an feste Dogmen gebunden zu haben.

Die calvinistische Form des Protestantismus – Großbritannien, die Niederlande, später die USA – teilte mit der lutherischen die Gründung des Glaubens allein auf die Bibel, betonte jedoch in besonderem Maße, daß der Mensch die Welt zum größeren Ruhme Gottes einzurichten habe im Gebot, das dem des Gehorsams gegen *jede* Obrigkeit vorgehe. Zusammen mit der Vorstellung, daß Gott nur einen Teil der Menschen zur Seligkeit vorherbestimmt habe – ein Ratschluß, an dem das Verhalten des einzelnen Menschen nichts zu ändern vermöge, dessen Beziehung auf ihn er aber vielleicht am Erfolg oder Mißerfolg seiner Geschäfte ablesen könne –, hat diese dazu geführt, daß im Bereich des calvinistischen Protestantismus die auf methodischen Erwerb um seiner selbst, nicht um des Lebensgenusses willen gerichtete Erwerbstätigkeit (die Triebfeder der sogenannten kapitalistischen Wirtschaft klassischen Stiles) sich am ehesten zu entwickeln vermochte.

Dazuhin kam die Vorstellung, daß der Staat nur dann im vollen Sinn des Wortes legitimiert sei, wenn er sich auf die Zustimmung seiner Bürger stützen könne; denn die Calvinisten der ersten Zeit vermochten zwischen dem, was eine Kirchgemeinde, und dem, was einen Staat ausmachen sollte, keinen entscheidenden Unterschied festzustellen. Die Bewegung auf die moderne politische Demokratie hin hat von hier aus besonders starke Impulse bezogen. Ohne einen die staatsfreie Sphäre des Menschen der Obrigkeit gegenüber freistellenden Katalog von Menschenrechten können wir uns heute einen europäischen Staat nicht mehr vorstellen.

Wir dürfen in diesem Zusammenhang das Judentum nicht vergessen, dessen Gesetzestreue und jahrtausendelanges, der richtigen Auslegung eines Buches, der Bibel des Alten Testamentes, gewidmetes Leben stärksten Einfluß auf die Bildung des europäischen Wesens hatten. Diese Einflüsse kamen freilich erst voll zur Geltung, als die Aufklärung und der Liberalismus den Menschen jüdischen Glaubens volles Bürgerrecht in den europäischen Staaten gegeben hatten und damit das Recht, ohne Beschränkung auf das Ghetto, sich am geistigen Leben der Völker Europas zu beteiligen. Jüdische Europäer haben in besonderem Maße zu den Vorkämpfern der Geistesfreiheit gehört. Die Wissenschaft in spezifisch europäischem Sinne verdankt ihnen besonders viel.

Wenige Dinge sind für den Europäer so kennzeichnend wie das Verhältnis, das er zum Phänomen der Arbeit gefunden hat. Anderswo entwertet der Zwang zur Arbeit den Menschen (noch in Griechenland! *βαναυσος* ...); in Europa adelt Arbeit.

Hier hat man – wenn auch spät: Karl Marx – die Definition gefunden, der Mensch unterscheide sich von allen anderen Lebewesen dadurch, daß er die Bedingungen seiner Existenz selbst produziere: eben durch Arbeit. In Europa allein hat – bisher – der Mensch Wesensbejahung in der Arbeit gesucht. Als Not und Fluch erschien sie ihm nur, wenn die gesellschaftlichen Bedingungen der Arbeit zur Selbstentfremdung des Menschen führten und ihm Wesensbejahung in der Arbeit unmöglich machten.

Diese Bedingungen sucht – aus diesem Grund – der europäische Mensch seit jeher zu ergründen und er sucht von jeher sie so »in Verfassung« zu bringen, daß sie dem Menschen erlauben, in der Arbeit die Verwirklichung seines Sinnes zu finden – daß sie es möglich machen, daß Idee und Wirklichkeit des menschlichen Daseins im Prozeß der Arbeit wieder zur Deckung kommen.

Diese Erforschung der Zusammenhänge zwischen gesellschaftlicher Wirklichkeit und den Möglichkeiten im Menschen, zu sich selber zu finden, ist im tiefsten Sinn charakteristisch für den europäischen Geist und seinen Freiheitsbegriff: aus Erkenntnis das Notwendige tun und dieses Notwendige in einer Weise möglich machen, die dem Menschen erlaubt, es zu bejahen, ohne auf Selbstachtung verzichten zu müssen.

Freilich gehört es auch zum Europäer – und zu seinem hellenischen Erbe –, daß er die Arbeit nicht verabsolutiert. Sie bedarf der Einbettung in die schöpferische Spontaneität der Muße, in der die Künste leben.

In allen Erdteilen haben die Menschen zu allen Zeiten das Bedürfnis empfunden, was ihre Seele bewegte, in Bildern und Tönen und Worten auszudrücken. Aber lange Zeit – und in den anderen Erdteilen bis zu diesen Tagen – war die Kunst auch in Europa nichts Selbständiges, sondern dienender Ausdruck des religiösen Lebens oder des Bedürfnisses der staatlichen Gemeinschaften nach Vergegenwärtigung ihrer Macht und Größe. Dies nahm der Kunst nichts von ihrem Wert und ihrem Rang. In Europa aber hat sich die Kunst schon im Altertum und dann wieder nach der Neuentdeckung des Altertums im 15. und 16. Jahrhundert selbständig gemacht. Sie war fortan nicht mehr dienende Magd, sondern Herrin ihrer selbst – wie es der Philosophie und der Wissenschaft ergangen war.

Kunst um ihrer selbst willen, Ausdruck um der bloßen Schönheit und der Verkörperung der Vielfältigkeit und der Wahrheit des Wirklichen willen – ohne Bezug auf religiöse Kulte, ohne die Absicht, Dämonen zu bannen, ohne in erster Linie Weisheiten verkünden zu wollen, ohne Unterordnung unter das Bedürfnis nach staatlichem Gepränge: dies ist etwas in besonderem Maße Europäisches (wenngleich natürlich nicht ausschließlich auf Europa Beschränktes).

Hier sind Quellen erschlossen worden, die unerschöpflich fließen; Quellen, an deren jeder – wie aus einem Spiegel – uns die Augen Europas anblicken, jene Augen, die je nach dem Licht, das aus einem Winkel der Himmelsrose auf sie fällt, in allen Farben des Regenbogens aufleuchten und uns in ihrem farbigen Abglanz des Lebens teilhaftig werden lassen.

Ihren stärksten Ausdruck hat diese Seite des europäischen Lebens in der Musik gefunden, die von Italien und den Niederlanden ausgehend in ihren Ursprungsländern, in Deutschland und in Frankreich, Rußland, einen Rang, eine Größe, eine innere Selbständigkeit und das Vermögen gefunden hat, allein durch sich auszudrücken, was in gleichem Ausmaß und mit gleicher Gewißheit nur die strengste aller Wissenschaften, die Geometrie, auszudrücken vermocht hat. Der Glaube mancher Philosophen des Altertums, die geometrische Regelmäßigkeit der Bewegungen der Himmelskörper bringe die Welt in gesetzmäßiger Weise zum Tönen, scheint in dieser Musik Wirklichkeit geworden zu sein. *Diese* Sprache zum mindesten verstehen alle Europäer gleichermaßen.

Vielleicht ist es erlaubt, an den Schluß dieser Betrachtungen die griechische Sage von der asiatischen Königstochter zu setzen, die Europa hieß und die von Zeus, der die Gestalt eines Stieres angenommen hatte – der Stier war von alters her das Symbol der tierhaft befruchtenden Kraft – übers Meer nach der Insel Kreta gebracht wurde und von der unser Erdteil seinen Namen erhielt. Der Bruder der Europa war Kadmos; er kam nach Griechenland: auf ferner Fahrt erschlug er den Drachen und säte dessen Zähne in die Furchen, die eine Pflugschar gezogen hatte. Aus diesem Acker, den Arbeit bereitet hatte, erwuchsen geharnischte Männer, die alsobald anfingen, sich gegenseitig zu erschlagen. Schließlich aber vermählte Zeus Europas Bruder Kadmos mit der Nymphe Harmonia, auf deren Schultern er den gestirnten Himmel als Mantel legte.

Prof. Carlo Schmid
SPRICHT
Warum Vertrauen zur SPD?
Wähler-
Kundgebung
Am Freitag, 7. März
20 Uhr im Musensaal
(Städt. Rosengarten)
Die Bevölkerung ist herzlich eingeladen!

Unter den Geschichtsdenkern des Abendlandes ist Machiavelli einer der größten, vielleicht der geschichtsmächtigste von allen, nicht so sehr durch seine im engeren Sinne des Wortes historischen Schriften als vielmehr dadurch, daß alles, was er schrieb, bis zum letzten Grunde ausgedachte »reine« Geschichte gewesen ist. Nirgends vor ihm und vielleicht nirgends nach ihm ist in so universaler Weise ernst gemacht worden mit dem Satz, daß die Geschichte die Lehrmeisterin des Lebens sei, denn er macht keine Aussage, sei es über den Menschen, sei es über die Dinge, anders als aus der Perspektive dessen, was uns die Ereignisse der Vorzeit unmittelbar oder mittelbar im Rückschluß zu lehren vermögen. Die geschichtlichen Fakten sind ihm das einzige Kriterium für den Wert einer Aussage über Besonderes sowohl wie über das Allgemeine.

Freilich hat er dabei methodische und sachliche Irrtümer begangen; aber das ändert nichts daran, daß keiner so wie er »Geschichte« ernst genommen und durch seine Erhellung und Deutung virulent gemacht hat. Daß man aus der Geschichte heraus zu erkennen und handeln habe – das ist durch ihn in das abendländische Bewußtsein eingegangen und, um es gleich zu sagen, es ist dem Abendland zum Verhängnis geworden, wie jede Übernahme eines ganz zu Ende gedachten Denkens einer halben Wahrheit.

Betrachten wir zunächst kurz seine spezifische Leistung als Historiker vom Fach.

Was gab es vor ihm?

Die Chronisten, d.h. Leute, die die Ereignisse aufzeichneten, wie ein Journalist das interessante Tagesgeschehen vermerkt.

Die Verfasser von Weltgeschichten in der Nachfolge des Orosius und Eusebius, die den Ablauf der irdischen Dinge als Erfüllung des Heilsplanes Gottes sahen und nach Art der Apokalyptiker das, was wir Geschichte nennen, als die vorausbestimmten, heilsnotwendigen Pfeiler der Brücke deuteten, die sich vom Sündenfall bis zum Endgericht schwingt.

Es gab dann noch die Humanisten, denen die geschichtlichen Fakten, die sie beschrieben, hauptsächlich Anlaß zu prunkender Ausbreitung ihres rhetorischen Wissens und Könnens gaben. Die Eloquenz überwucherte das Streben nach Erkenntnis, und im Grunde kam es ihnen vor allem darauf an, zu zeigen, daß die Zeitgenossen so gut im Urteil der Mit- und Nachwelt bestehen könnten, wie die großen Männer Plutarchs – vorausgesetzt, daß sie das Glück hätten, ihre Taten von ihnen besungen zu bekommen.

Demgegenüber sucht Machiavelli in erster Linie festzustellen, wie es denn eigentlich bei der Bildung der Staaten, ihrer Ausbreitung, ihrem Schwund und Untergang zugegangen sei, und das tut er ausschließlich, um hinter die Gründe zu kommen, die für das politische Geschehen im reinen Verstande ursächlich waren. Er will wissen, welches die »eigentlichen« Beweggründe der handelnden Personen waren und was die geschichtsbezogene Natur der Umstände gewesen ist, die den Rahmen und die Wirkwelt für die großen Akteure abgegeben hatten. Das konnte er nur, indem er die Methode der Beobachtung der geschichtlichen Tatbestände durch das naturwissenschaftliche Prinzip der Bloßlegung der empirisch in Raum und Zeit bestimmbaren und daher meßbaren »naturalistischen« Ursachenreihen ergänzte, unter völligem Verzicht auf die Leitung des erkennenden Geistes durch den Glauben an einen inneren oder transzendenten Sinn des Geschehens.

So kam er zu entscheidenden Erkenntnissen in der politischen Geschichte seiner Zeit und seines Volkes. Durch nichts wird das Genie des Geschichtsschreibers Machiavelli deutlicher als durch seine Erkenntnis, daß die Geschichte Italiens und des Mittelalters überhaupt nicht als Geschichte der Dekadenz des Römischen Reiches geschrieben werden könne, sondern als Geschichte einer eigenen, selbständigen Epoche geschrieben werden müsse. Und dieser Erkenntnis steht nicht nach jene andere, daß die Völkerwanderung eine Folge des Bevölkerungsüberdrucks war, und daß sie jene neue Geschichtsepoche begründet habe, der die moderne Welt ihren Ursprung verdankt.

Schon diese Leistung hätte genügt, seinen Ruhm als Geschichtsdenker zu begründen. Aber noch viel wichtiger als seine Methodik wurde, was er aus dem Stoff der Geschichte herausgeholt hat, und darin liegt seine besondere Bedeutung. Er hat eine der Möglichkeiten ganz zu Ende gedacht, wie ein Mathematiker die Entfaltungen eines Axioms, und wenn wir auch sagen müssen, daß die Verwirklichung dessen, was er für wahr halten zu müssen glaubte, die Menschheit in ihr Verderben stürzen müßte, so bleibt die Kraft seines Denkens doch nicht minder großartig. Und kann uns das verborgene Gute besser einsichtig gemacht werden als dadurch, daß einer seine offenbare Gegenwelt bis zur letzten Verzweigung zu Ende denkt?

Er findet darin, daß sich »in der Zeit« – dem einzigen Bereich, in dem wir erkennen können – nichts anderes begebe als die mechanischen Konsequenzen begrenzter Fakten, die die Menschen und die Umstände setzen. Diese Fakten stehen für sich selbst und sind weder der Vernunft noch der Idee verantwortlich. Um das Sollen kümmert sich die Geschichte nicht, sondern nur um das Sein, und zwar ausschließlich um das sinnlich erfahrbare Sein. Darum muß, wer die Dinge der Geschichte betrachtet, sich nur kümmern um die »faktische Wahrheit der Dinge und nicht um das, was wir uns über sie einbilden«.

Es kann der Historiker also nicht zu einer Lehre von Gut und Böse kommen, sondern nur zu einer Beschreibung von Tatbeständen, sei es der Gegenstände selbst, sei es ihrer Lage zueinander. Dabei wird er feststellen müssen, daß die Welt immer gleich gewesen ist, d.h. daß in ihr immer dieselbe Naturgesetzlichkeit – die mit der historischen Gesetzlichkeit identisch ist – regiert hat. Historische Identität kann sich immer nur auf die wirkenden Kräfte und deren Gesetzmäßigkeit beziehen und nicht auf die Tatbestände selbst und noch weniger die Form, in der sie erscheinen. Was sich verändert im Lauf der Zeit und was an den verschiedenen Orten andere Bilder gibt, sind aber nicht die wirkenden Kräfte, sondern nur ihre Farben und die Schatten, die sie werfen. Darum gilt eine Erfahrung, die für einen bestimmten Zeitpunkt der Geschichte gemacht worden ist, für alle Zeiten, und darum gilt, was für einen Ort der Welt gilt, für jeden vergleichbaren Ort, denn die Menschen sind überall wesenhaft gleich. Die historischen Gesetze haben dieselbe unwandelbare, von Ort und Zeit unabhängige Gültigkeit wie die Gesetze der Geometrie.

Was ist ihm Wirklichkeit?

Wirklichkeit sind einzig die die Welt bewegenden Energien, denn es gibt kein erkennbares »Wesen« der Dinge, es gibt nur ihre »Massen« und die Kräftefelder, die von ihnen ausgehen und gegenseitig aufeinander wirken. Es ist die Welt des Physikers, in der Machiavelli wandert, und es ist nicht zu kühn, zu sagen, daß er die Grunderkenntnisse der Physik Galileis vorweggenommen hat, der nicht das Wesen der Sterne erforschen wollte, sondern das Wirken der Kräfte, die sie bewegen. Damit kann auch im Tun des Menschen und im Geschehen kein ewiger Sinn liegen; es gibt nur Anziehung und Abstoßung von Körpern; es gibt nur ewige Bewegung, ein ewiges Steigen und Fallen. Diese Lehre von der ewigen Bewegung ist kein Pessimismus christlicher Prägung, der sich die Geschichte im decrescendo der Danielischen Prophezeiungen entwickeln sieht, sondern ein völliger Indifferentismus, die Feststellung, daß die Bewegung der Zeit zu keinem Sinn und Ende führe.

»Denn da die Natur den menschlichen Dingen keinen Stillstand gestattet, so müssen sie notwendig abwärts steigen, wenn sie einmal den Gipfel der Vollkommenheit erreicht haben, wo sie naturgemäß nicht weiter aufwärts zu steigen vermögen. Sind sie nun herabgestiegen und durch Zerrüttung auf den Tiefstand gesunken, so müssen sic, da ferneres Sinken unmöglich, notwendig wieder aufwärts steigen. So in stetem Wechsel geht es abwärts zum Bösen, aufwärts zum Guten«.

Man darf sich also durch die äußeren Tatbestände (wie Blüte und Verfall) nicht täuschen lassen: die Welt verändert sich in ihrem Wesen und in ihrem Bestand an Möglichkeiten nicht. Die Summe der Weltkräfte bleibt sich unveränderlich gleich; ihre Energiemasse ist konstant. Wo wir Mehrung oder Minderung wahrzunehmen scheinen, handelt es sich um Täuschung: es hat lediglich eine geographische Verlagerung der Wirkungsorte stattgefunden.

»Mit dem Sinken und Steigen hat es folgende Bewandtnis: die Welt war stets dieselbe. Es gab immer darin soviel Gutes als Böses, und dieses wechselt von Land zu Land. So wissen wir, daß die alten Reiche mit dem Wechsel der Sitten von einem Lande auf das andere übergingen. Die Welt blieb jedoch mit dem einzigen Unterschied dieselbe, daß sie, wie sie zuerst die ›virtù‹ nach Assyrien gepflanzt hatte, diese nachher weiterzog zu den Chaldäern usw.«

So kommt es, daß alles in seinem Oben sein Unten enthält, und weiter, daß jedes Tun im Entstehen schon sein Gegenbild setzt. Nichts kann getan werden, ohne daß nicht zugleich eine antipodische Wirklichkeit heraufgerufen würde!

»Es scheint, daß es sich bei den Handlungen der Menschen begibt, daß immer dem Guten ein Übel nahe ist, das so leicht mit diesem Guten entsteht, daß es unmöglich erscheint, das eine zu vermeiden, wenn man das andere will.«

Machiavelli ist hier gegenüber seiner ganzen Vorwelt von völlig naturalistischer Radikalität. Während man vor ihm bei dieser Frage immer an »den« Menschen dachte und sie von dessen Denkbild her beantwortete, fragt Machiavelli: Was sind »die« Menschen? Was diese aber sind, zeigt ihm ausschließlich die statistische Erfahrung, nicht die metaphysische Spekulation. Während man bisher bei allem, was man der materiellen Welt auch einräumen mochte, gerade im Geistigen, der aktiven und passiven Zuordnung auf den supranaturalen Bereich hin, das besondere Charakteristikum des Menschen sah, hatte Machiavelli den bitteren Mut, den Menschen ganz als Teil der materiellen Welt zu sehen: der Mensch ist eine Naturkraft; der Mensch ist lebendige Energie, sonst nichts.

Daher sind die einzigen Orte, an denen sich sein Gesetz erfüllen kann, der Raum und die Zeit, und daher sind seine Gesetzlichkeiten nichts anderes als eine besondere Art der Mechanik, und so ist eine ethische Beurteilung geschichtlichen Geschehens sinnlos. Wenn aber die Gesetze, die das Tun des Menschen regieren, Gesetze einer Mechanik sind – dann ist dieses Tun nur zu beurteilen unter dem Gesichtspunkt der Bewegung von Kräften, d.h. nach dem optimalsten Verhältnis von Kraftmehraufwand und Leistungseffekt, also nach der Zweckmäßigkeit, wobei der Zweck von jedem einzelnen frei gesetzt werden kann. Alles andere ist Konvention, die ihre soziale Nützlichkeit haben mag, aber immer selber ein Produkt der mechanischen Ursachenreihen der Geschichte ist.

Was aber die Bewegung im menschlichen Bereich herbeiführt, sind nicht »geistige« Seelenkräfte, sondern die Affekte, die nichts anderes sind als die mechanisch wirkenden Ursachen des Innenlebens. Diese Affekte können nicht vom Geiste her verändert werden. Ein Affekt, eine Kraft also, kann nur durch eine Gegenkraft, die auf ihn einwirkt, überwunden, abgelenkt oder gelähmt werden: durch Gewalt also oder durch List. Darin liegt die Moralistik und Politik Machiavellis begründet.

Die Affektwelt des Menschen läßt sich aber bei aller Mannigfaltigkeit der Erscheinungen auf zwei Elemente reduzieren: Begehrlichkeit und Furcht. Wenn der Mensch handelt, handelt er immer aus ihnen heraus; wenn wir es anders meinen, täuschen wir uns und andere. »Homo homini lupus«. Alles andere ist Illusion oder Betrug; das lehrt ihn die Geschichte auf jeder Seite ihres Buches. Darum sind die Menschen immer im Kampf; der Mensch kann nicht anders als in der Kategorie des Kampfes existieren.

»Die Menschen sind immer im Kampf. Sind sie des enthoben, aus Not kämpfen zu müssen, so kämpfen sie aus Ehrbegier, die in des Menschen Brust so mächtig wirkt, daß sie uns nie verläßt, so hoch man auch steigen möge. Die Ursache dessen ist, daß die Natur die Menschen so geschaffen hat, daß sie alles begehren können, aber nicht alles zu erlangen imstande sind. Da nun immer das Verlangen, zu erwerben, größer ist als die Macht dazu, so entsteht daraus Unzufriedenheit mit dem, was man besitzt, und die geringe Befriedigung mit dem, was der Besitz gewährt. Hieraus entsteht der ewige Wechsel des menschlichen Schicksals. So kommt es zu Feindschaften und Krieg, aus denen Zusammenbruch und Erhebung hervorgeht.« Nach dieser Natur handelt der Mensch immer. Bewirkt er hierbei, ethisch gesehen, Gutes, so nicht, weil er auf das Gute hin hätte handeln wollen, sondern weil im gegebenen Fall die Affekte des Menschen in spezifischer Weise »von der Zeit begleitet waren«, das Ziel der Affektregung sich also mit der Notwendigkeit des Augenblicks – deren Erkenntnis immer standpunktbedingt ist und ex post erfolgt – deckte.

Freilich gibt es dabei, je nach dem, was in einem Menschen an Kraftvermögen angelegt ist, Unterschiede. Es gibt den »vulgo«, den Pöbel, der nur durch von außen wirkende Affekte und den Schein der Dinge auf ein bestimmtes Ziel hingelenkt werden kann; und es gibt die wenigen, die

Shakespeare und Stendhal so teuren »happy few«, jene, denen von innen wirkende Affekte: Ruhm-, nicht nur Erfolgsgier und die rationale Erkenntnis die Ziele setzen und die Mittel zum Handeln bestimmen.

Ein solcher virutoso lebt aus dem vom rechnenden Verstande erhellten Willen, hat also eine von ihm beherrschte Richtung gegen die Schwerkraft, und darum werden die anderen, die sich nur in ihre Triebe fallen lassen, zu seinem Material. Solche Menschen können stärker sein als die Umstände; das Wechselglück hat dann – wenigstens auf Zeit – kaum Macht über sie. Hier schleicht sich nun aber doch ein wenig Metaphysik in den sonst so rein beschreibenden Empirismus Machiavellis ein: bei genauerem Zusehen findet man, daß er zwei Kräfte kennt, die oberhalb der Affekte des Menschen das gesamte Geschehen der Welt in Bewegung halten wie zwei Demiurgen: Virtù und Fortuna. Alles geschichtliche Geschehen ist die Resultante ihres korrespondierenden Wirkens.

Die Virtù: sie ist nicht unsere »Tugend«; sie ist vielmehr besser als Kraft anzusprechen, etwa so wie man von der Kraft eines Heilmittels spricht. Sie erschöpft sich in Ansatz und Wirkung durchaus im Diesseits; sie ist eine auf Gestaltung der Zeitlichkeit mit den Mitteln der Zeit gerichtete Kraft und dem, was man unter christlicher oder stoischer Tugend versteht, gerade entgegengesetzt; sie hat nichts mit Ethik zu tun. Der Begriff bezeichnet nichts anderes als Maß und Fülle der Möglichkeiten des Menschen, auf jeden Anruf der Stunde hin die Kraft des Leibes und des Geistes schöpferisch und herrscherlich gegen den Sog der bloßen Schwerkraft zu entfalten. Aber im Gegensatz zur bloßen Brutalität des Barbaren ist sie die vom Verstand her organisierte und in

Form gebrachte reine – »kristalline« – Energie. Machiavelli hat sie sinnfällig gemacht im Bilde des Menschen, der zugleich Löwe ist und Fuchs. Aber Virtù vermag nichts *allein*, denn sie wird begleitet von der Fortuna und hat sich mit ihr auseinanderzusetzen.

Diese ist die zweite Weltregentin. Vielleicht dachte Machiavelli dabei an den siebten Gesang des Inferno, wo Dante sie als die Macht beschreibt, die die »relativen« Güter der Erde in Bewegung hält. Doch während sie bei dem Dichter ein Element ist, das den Weltsinn mit verwirklichen hilft (»general ministra et duce«), ist sie bei Machiavelli fast durchweg ohne Sinn, keine lebendige Intelligenz, sondern eine tote, bloße »Macht«.

Fortuna ist nicht der schiere Zufall, das Glück oder das Pech; sie ist für Machiavelli keine bloße allegorische Figur, sie ist eine Weltkraft: der Name für alle Wirksamkeiten, die außerhalb der Reichweite des analytischen Verstandes des Handelnden und seiner sonstigen Vermögen stehen. Fortuna ist der Name für alles, was der Mensch nicht sieht, vor dem er blind oder verblendet ist; sie ist der Selbstschuß des Hier und Jetzt und die Laune der Zeit, die außerhalb jeder Berechenbarkeit steht. Zwischen Virtù und Fortuna besteht nun eine geheime Korrespondenz: je schwächer die Virtù der Menschen ist, desto virulenter wird Fortuna und umgekehrt. Wem alle Kraft gleich und überall zu Gebote stünde, der wäre gegen Fortuna gefeit. Doch wem ist das schon beschieden? Machiavelli aber redet nicht verzichtendem Fatalismus das Wort: das Wissen um diese Dinge und das »trotzdem«, das er ihnen entgegenwirft, macht den großen Menschen aus, der die Blüte des Daseins ist, wie denn auch der Übermensch Nietzsches sagt: »So ist das Leben?

Wohlan denn, noch einmal!« oder wie Machiavelli sich ausdrückt:

»Die Geschichte beweist, daß die Menschen Fortuna unterstützen, nicht aber daß sie sich ihr widersetzen können. Sie können die Fäden zusammenweben, nicht sie zerreißen. Sie dürfen sich indessen nie selbst verlassen. Da sie die Schritte der Göttin nicht kennen und Fortuna auf krummen und ungebahnten Pfaden wandelt, so sollen sie immer hoffen und hoffend in keiner Lage, in keiner Not noch Mühsal sich selbst verlieren.«

»Schließlich glaube ich, sei es besser, ungestüm als vorsichtig zu sein, weil Fortuna ein Weib ist, mit dem man nicht auskommen kann, wenn man es nicht prügelt und ihm Gewalt tut. Wir sehen ja aus Erfahrung, daß sie sich eher von feurigen als von lahmen Menschen zwingen läßt, und aus diesem Grunde eine Freundin junger Leute ist, weil diese weniger vorsichtig, aber desto kühner und beherzter sind.«

Im Pendelschlag dieser Kräfte bewegt sich die Geschichte, und deren Stoff ist für Machiavelli nur das »politische« Verhalten des Menschen, das wiederum nichts anderes ist als der Willen zur Selbstbehauptung und die Kraft, zu siegen. Sind die Völker gesund, d.h. leben sie nach den Kräften, die ihre Entstehung bewirkten – die sie »in Verfassung brachten« – dann sind sie selber die Träger der politischen Aktivität, das heißt frei. Das Muster hierfür sind ihm für die Vergangenheit die römische Republik und für die Gegenwart die Schweizer Kantone und die deutschen Reichsstädte. In solchen geschichtlichen Räumen herrscht die Bürgertugend; sie und nicht die Verruchtheit sind dann die Bürgschaft des Erfolges. Und der beste Zustand ist, wenn die Bürger arm sind und der Staat reich ist, d.h. wenn der Einzelne vor dem Ganzen zurückstehen muß.

Korrumpieren sich aber diese Tugenden mit dem Wandel von Virtù und Fortuna, dann ist der Sturz in die Knechtschaft, das heißt in die bloße Objektsituation unausweichlich, bis einer kommt und den Staat mit Feuer und Schwert – fast wie der lutherische Stockmeister Gottes – aus den Kräften heraus erneuert, aus denen er einst entstanden ist. Gewalt und Verbrechen werden da unausbleiblich sein, so wie der Arzt zu Gift und Messer greifen muß, um den Kranken zu heilen. Bis dahin aber gehört die Bühne dem großen Einzelnen, der immer auch ein großer Verruchter wird sein müssen, weil er sich nur wird behaupten können, wenn er die Menschen als bloßes Material für den Turm seiner Größe betrachtet.

Aber welchen Zwecken auch das politische Handeln sich verschreiben möge: immer wird es nur *ein* schöpferisches Vermögen geben: den herrscherlichen Willen des Einzelnen oder des Ganzen; aber immer werden ihm die »Umstände« *gegeben* sein, und *nie* wird er sich den geschichtlichen Raum schaffen können, in dem er wirkt. Wer auch immer den Staat lenkt, er wird nicht mehr tun können, als das Triebwerk zu beobachten, und im kritischen Augenblick einzugreifen wie der Ingenieur, der die Maschine bedient. Der Raum der Politik ist die Mechanik des gesellschaftlichen Körpers und keine moralische Anstalt zur Veränderung des Menschen.

Machiavelli sagt hier viel kluge Dinge über die Wichtigkeit des rechten Zeitpunktes, des Kairos, über die echte Dauer, die nur der Proteus haben kann, über das Richtertum der Zeit. Er belehrt uns über die Bedeutung des Ortes und das Wirken der politischen Substanz, die in den Menschen liegt, und immer hebt er den Finger und legt ihn in die tiefe Wunde, die allem geschichtlichen Tun eigen ist: die Erkenntnis, daß jede Maßnahme in sich den Keim des Gegenteils trägt. Die Freiheit enthält die Keime der Tyrannei; die Stärke die der Verruchtheit; die Mäßigung die Keime der Anarchie. Nur außerhalb des politischen Bereiches ist das anders, also außerhalb des Bezirkes, in dem Veränderung und Aktion das Gesetz sind. Darum sollten weise Völker, sagt er, auf Ausbreitung von Macht überhaupt verzichten und ihr Leben friedlich im Schutze weiser Institutionen führen. Freilich werden sie Sicherheit und Dauer bezahlen müssen mit dem Verzicht auf Größe, und statt des Ruhmes werden sie sich mit der Tüchtigkeit zu begnügen haben.

Die Politik ist dämonisch, und wer sich in die Aktivität der Geschichte hineinbegibt, ja wer überhaupt handeln will, damit ein anderer bewegt oder beschränkt werde, untersteht ihrem Gesetz, ob er will oder nicht. Sie kennt nur ein Ziel: den *Erfolg*, und darum können in ihren Bereichen andere Maßstäbe als die auf ihn bezogenen nicht gelten. Das ist der Sinn des Satzes von der moralischen Heteronomie des Politischen.

Jedes Tun steht in zwei Bereichen: in dem *moralischen*, in dem gut und böse sich nach den von den Menschen aufgestellten Tafeln des von ihnen gewählten Gottes gegenüberstehen – und in dem der *Mechanik des Geschehens*, in der sich richtig und verkehrt gegenüberstehen. Das Handeln im politischen Raum steht also unter anderen Gesetzen als das Handeln im moralischen Bereich. Wer hier groß sein will, der muß moralisch handeln, also sein Tun unter das Gesetz der Liebe und der Wahrheit stellen, was wiederum bedeutet, daß er nur auf den Sieg über sich selbst und nicht auf den

Erfolg, d.h. auf einen Sieg über andere, ausgehen darf. Wer aber im politischen Bereich richtig handeln will, der muß politisch handeln, d.h. ohne Rücksicht auf irgendein Sollen seine Taten nach den Erfordernissen der Technik einrichten, die Voraussetzung für den Erfolg – die Bewegung fremder Affekte in gewollter Richtung – ist. Das Politische, dieser Art als reiner Zweckbereich aufgefaßt, läßt die Frage nach gut und böse gar nicht zu, sondern nur nach wirksam und unwirksam, nach richtig oder falsch.

Darum muß der Staatsmann seine Mittel ausschließlich auf ihre *Wirksamkeit* hin prüfen. Erscheint ihm ein moralisch gutes Mittel auch politisch wirksam, dann soll er es wählen; glaubt er aber, ein moralisch böses Mittel nötig zu haben, dann muß er es anwenden, obwohl er damit in der moralischen Ordnung falsch handelt.

Das ist der Sinn des Wortes, daß der Staatsmann bereit sein müsse, *böse zu handeln*. Man hat dieses Wort Machiavelli sehr übelgenommen und darin die Aufforderung gesehen, nach Herzenslust Verbrechen zu begehen. Aber man hat dabei übersehen, daß derselbe Machiavelli ausdrücklich sagt: Niemand ist gezwungen, Staatsmann zu werden; entscheidet er sich aber dafür, dann muß er die Konsequenzen ziehen. Darum überlege sich jeder, an den die Versuchung der Politik herantritt, ob er, statt Macht zu gewinnen, nicht doch lieber seine Seele retten solle. Einmal im Getriebe des Kampfes um die Macht verstrickt, wird er diese Seele preisgeben müssen, wenn er nicht untergehen und damit von vornherein gegen das Gesetz seiner erwählten Existenz verstoßen will.

Darum gibt es für den, der sich dem Gesetz des Politischen verschrieben hat, nur ein Ding, das die Mittel rechtfertigen kann, deren er sich bedient: den Erfolg. Wohlverstanden: dieser rechtfertigt die Mittel nicht *moralisch*. Machiavelli hat nicht aufgehört, das Böse von der geltenden Moral aus böse zu nennen. Aber wenn er als Historiker urteilt, schaltet er den Moralisten aus und spricht: hier hat einer politisch handeln wollen, ich urteile also nur von den Gesetzen der politischen Mechanik aus. Von diesen aus betrachtet, hat der Täter folgerichtig geplant und gehandelt, denn es ist der Erfolg eingetreten, auf den hin sein Plan gerichtet war. Der Erfolg hat seine Mittel gerechtfertigt. Die Frage, ob, moralisch gesehen, sein Tun gut oder böse war, stelle ich nicht.

In der gleichen Linie liegt seine Stellung zur Religion. Wenn man in der Geschichte nichts anderes sieht als den Kampf von Willenskräften gegeneinander und das Walten der Fortuna – dann kann sich für den Geschichtsschreiber die Frage nach der Wahrheit oder nach dem religiösen Gehalt oder Wert einer Religion überhaupt nicht stellen: diese kann gleich allen anderen Dingen dann nichts anderes sein als ein Gegenstand des Politischen, also eine Wirklichkeit, die je nach Zeit und Ort die Erfolgschancen der politisch handelnden Menschen erhöht oder vermindert. In diesem Zusammenhang hält er sehr viel von der Macht der Religion, aber sie muß diesseitig sein wie die römische, wenn sie auf die Dauer nutzen soll. Das Christentum scheint ihm verhängnisvoll, weil es den Menschen dazu erziehe, zu leiden anstatt zu kämpfen. Wohlverstanden, er sagt nicht: mein religiöses Gewissen läßt mich das Christentum verschmähen, sondern er sagt: die Geschichte lehrt mich, daß das Christentum es den Staaten erschwert, ganz Staat, d.h. ausschließlich Träger geballter Willenskräfte, zu sein.

Dieses Bild ist unvollständig, und noch vieles wäre zu sagen, insbesondere über die Bewertung, die Machiavelli den verschiedenen Formen erteilt, in denen die Menschen im Laufe ihrer Geschichte ihr Gemeinschaftsdasein geordnet haben.

Kehren wir zurück zum Menschenbild, das Machiavelli aus dem Spiegel der Geschichte in unbarmherzigem Umriß entgegenstarrt. Keiner hat es besser zusammengefaßt als Marlowe in seinem Tamerlan:

Tamerlan erobert die Welt; er kennt keine Schranken, nur die unaussprechliche Gier nach Macht. Diese hat nur *ein* Gesetz: sich zu mehren. Er ist niedrig geboren und zuhöchst gestiegen, weil er nur dem Gesetz seiner Kraft folgte. Was ist ihm Gott? Die Kronen sind mehr! Solange er sie nicht alle trägt, hat er sich nicht erfüllt. So stürmt er dahin, ein unersättlicher Eroberer, den das Blut nur reizt, nicht sättigt. Bajazet, den Besiegten, schleppt er in einem Käfig mit sich. Aber er blutet aus einer Wunde: er liebt, und Liebe verträgt sich nicht mit Macht. Doch Zenokrate ist nur ein Schatten, der die eisige Größe seiner verruchten Einsamkeit trübt. Erst als sie stirbt, läßt er die letzte Hemmung fallen: nun erkennt er ganz, daß die Welt mehr als das Himmelreich ist. Er, der früher Gottes spottete, erkennt nunmehr Gott an – aber nicht, um ihn zu verehren, sondern um Gottes Geißel auf Erden zu sein. Gott ist zu Tamerlan geworden in einer solchen Welt! Auf einem von Königen gezogenen Wagen, die Zügel haltend und die Peitsche schwingend, rollt der Weltenherrscher durch sein ständig wachsendes Reich, dessen Grenzen er aber nicht erjagen soll, nicht weil ihn das »Gesetz« fällte, sondern wie den Cesare Borgia die Krankheit. Fortuna …

Es gilt kein Gesetz auf dieser Welt als das Maß der Kraft und die Launen der Fortuna.

Dieses Bild der Welt ist grausig, und wer glaubt, daß die Menschen, durch die Erfahrungen der Geschichte gezwungen, sich dafür entscheiden sollten, die Welt so zu sehen, möchte doch bedenken, was er damit seinem Volke bereitet: alles, was Machiavelli einbegreift, wenn er sagt, daß der *Kampf um die Macht* jedes Mittel und damit jeden Zustand, in dem Menschen zu leben gezwungen werden können, rechtfertige. Wir wissen heute, was alles dies sein kann. Man schelte aber nicht Machiavelli dafür. Er hat dies alles nicht erfunden, sondern vorgefunden, und er hat sich darauf beschränkt zu sagen, warum das alles so sein muß, in einer Welt, die im Menschen nichts anderes zu sehen vermag als ein Material für die Macht und ein Mittel zum Zwecke. Wir schulden ihm Dank dafür, daß er mit der Klarheit eines Geometers den ganzen Bereich des hier Möglichen ausgeschritten hat: wenn man von seinen Grundvoraussetzungen ausgeht, bleibt kein anderer Weg als der von ihm beschriebene.

Aber muß man, müssen wir denn auch von seinen Grundvoraussetzungen ausgehen? Ist es richtig, das dem Menschen Aufgegebene allein aus dem Buche der Geschichte ablesen zu wollen? Zerstören wir nicht gerade alles das, was der Name des Menschen an Würde und Freiheit bergen kann, wenn wir in dem durch die Geschichte entlarvten Verhalten der Menschen beim Kampf um die Macht den Beweis dafür sehen, daß der Mensch nichts anderes ist als der Wolf? Was Sinn und Wesen des Menschen sind, kann uns kein »statistisch« ermitteltes Wissen sagen, und anderes schenkt uns die Geschichte nicht, wenn wir *sie* nach dem

Allgemeinen fragen. Der Mensch findet den Sinn seines Daseins nicht in irgendwelchem Erfahrungswissen von dem Verhalten *der* Menschen je und je, sondern sein Dasein hat den Sinn, für den er sich im Sprung in die Nacht entscheidet, vor der er steht, wenn er sein Leben an die Erkenntnis wagt.

Machiavelli hat sich dafür entschieden, in der Geschichte nichts zu finden als Beweise dafür, daß des Menschen Seele nichts anderes sei als ein Bündel von Energien und Ansatzpunkt mechanisch wirkender Kräfte. Wollte er folgerichtig bleiben, dann konnte er nichts anderes tun, als in den Menschen bloße Mittel für Zwecke zu sehen, die jene zu setzen haben, denen die anderen es nicht verwehren können. Wenn man ihm folgt, stellt man die Welt des Menschen unter das Gesetz des Dschungels. Aber sollten wir, die wir einen tiefen Blick in das Grausen seines blutigen Zwielichtes taten, nicht die Kraft gewonnen haben, uns für eine andere Bestimmung des Menschen zu entscheiden, die nämlich, seinen Sinn in sich selber zu tragen und ihn zu entfalten in dem Licht, das sich im Prisma der geschichtlichen Welt in allen Regenbogenfarben bricht? Wir können dies mit demselben Recht tun, mit dem sich Machiavelli für die andere Möglichkeit entschied – und mit nicht mehr Risiko als er, uns dabei zu irren, wobei irren nur hieße, es nicht zu vermögen, in der Konsequenz der Grundentscheidung zu verharren.

HEINRICH HEINE

Wenige Dichter sind in unserem Volk so geliebt, wenige so geschmäht worden wie er, dessen letzte Ruhestätte auf dem Friedhof von Montmartre liegt. Für die einen war er der Mann, der das Deutscheste unseres Wesens, seine Innigkeit, Schlichtheit, seine Phantasien und Träume am klingendsten, am reinsten, auf die deutscheste Weise zum Ausdruck gebracht hat. Für die andern war er der bloße Schauspieler der Deutschheit, der verlogene Virtuose und geschickte Reimer, der in allen Tonarten und Instrumenten versierte Artist, dem gewissermaßen aus Versehen ab und zu ein echter Ton gelang. Er war für sie der Mann, der am liebsten im Kote watete und sein Vaterland für schnöde Silberlinge dem Feind verkaufte.

Manche seiner Gedichte sind echte Volkslieder geworden, und es hat Zeiten gegeben, da jeder deutsche Jüngling sein »Buch der Lieder« auswendig kannte und nicht anders von Liebe und Freundschaft reden konnte als in der Sprache Heinrich Heines, dieser Sprache, die dem Deutschen nach den Verwandlungen durch Luther, Wieland, Goethe eine weitere Dimension hinzugefügt hat, die ihm seitdem erlaubt, auch die Zwischentöne und das Irisieren der inneren und äußeren Wirklichkeit mit der Einfalt des Volksliedes und der Kalendergeschichte und doch auch mit der sicheren Eleganz des Florettfechters zu treffen. Dann sind Zeiten gekommen, da man Heines Gedichte aus den Bücherborden warf. Es gab Jahrzehnte, da Heines Prosa-Schriften als ein Muster deutscher Stilkunst galten. Und es kamen Jahrzehnte, da man ihm vorwarf, er habe die deutsche Sprache so willig jeder Feder gemacht, daß jeder Frechling sie gebrauchen könne wie eine Dirne.

Gewiß: bei den Verehrern war viel Liederseligkeit am Werke, und was sie an Heines Gedichten am meisten verehrten, waren nicht immer die Verse, die die Jahrhunderte überdauern werden. Und was andere an Heines Prosa liebten, war oft nicht die Kunst der Schmeidigung unserer Sprache, sondern die Präzision, mit der er sein Rapier ins Herz der zeitgenössischen Dummheit stieß. Gewiß: bei manchem seiner Tadler war eine echte Sorge am Werk, ob nicht Heine unsere Sprache zu leicht gemacht haben könnte, so leicht, daß sie nur noch die Oberfläche unserer Fülle zu malen fähig bleiben könnte. Unter den Kritikern seiner Prosa waren Menschen, die sich sorgten, ob nicht die Kühnheit seines Stiles von den Epigonen als Rechtfertigung bloßer Frechheit, ob nicht die Leichtigkeit und Durchsichtigkeit seiner Sprache von den Späteren als Rechtfertigung bloßer Leichtigkeit und Leere mißbraucht werden könnten – aber im allgemeinen war es blanke Borniertheit, was den Kritikern Heinrich Heines die Feder führte.

Der Historiker, der das Geschichtsbild der Generation der Wilhelminischen Zeit am eindringlichsten geformt hat – also das Weltbild unserer Großväter: Heinrich Treitschke, hat den Reigen eröffnet, er hat ihn in einem großen, brillanten Stile angeführt, ein Meister gerade jenes Feuilletonstils, dessen Erfindung er Heinrich Heine vorwarf. Für ihn war der Dichter der Undeutsche schlechthin; der Jude, »aufgewachsen unter den sittenlosen Millionären Hamburgs«, dessen

»Stamm« überall durchdringe, wo er »zynisch, arrogant, obszön schreibe«. Von der menschlichen Größe unserer Klassiker habe er nichts besessen. Zwar sei er geistreich gewesen, doch ohne Tiefe; in allem habe es ihm an Überzeugung gefehlt. Er sei lüstern und verlogen gewesen – freilich auch zuweilen unwiderstehlich liebenswürdig, aber im Grunde habe seinem Dichtertum jeder Charakter gefehlt. Heine habe kein Vaterland gekannt, er sei ein »vaterlandsloser Jude« gewesen. Desto mehr habe er aber für Frankreich geschwärmt und mit Napoleon einen wahren Götzendienst getrieben. Sein einziger politischer Gedanke sei der Haß auf Preußen gewesen. Das sei durchaus verständlich: habe er doch vom französischen Staat eine Leibrente bezogen, für die er ja wohl zu Gegenleistungen verpflichtet gewesen sei. Er habe das Christentum gehaßt und geschmäht und in den Dreck gezogen – alles in einem Stile, den »die Franzosen mit den Juden gemein haben, und der nichts anderes ist als die Anmut des Lüsternen, die auch das Niederträchtigste auf einen Augenblick verlockend erscheinen läßt«.

Trotzdem habe aus einigen seiner Frühlingslieder deutsches Gemüt gesprochen, und irgendwo habe er Deutschland doch wohl auch zuweilen geliebt, wenn er es auch mit Schmähungen überhäuft habe. Aber all das sei übertönt worden von dem blödsinnigen Wutgeheul jüdischen Hasses, und wo er gelegentlich sich zur Höhe eines idealen Gefühls aufgeschwungen habe, sei er sofort wieder in die Plattheit der Zote hinabgestürzt und habe so dem Leser die Unwahrheit seiner eigenen Empfindung eingestanden. So habe Heinrich Heine die häßlichste und unfruchtbarste Zeit unserer neueren Literaturgeschichte eingeleitet. Der schlimmste Vorwurf Treitschkes aber war: Heine habe nie ein Trinklied gedichtet;

nach Germanenart zu zechen, habe der »Orientale« nie verstanden. Man sieht hier, welche Blüten die Kommersbuch-Bildung zu treiben vermag, die in Jahrzehnten leider für viele unserer Akademiker der einzige Zugang zur Literatur geworden war.

Es war nötig, diese Kritik darzutun, denn sie enthält alles, was den Boden bereitet hat, auf dem das arrogante Pseudoakademikertum der Wilhelminischen Zeit wachsen konnte, das seinerseits die Voraussetzungen dafür schuf, daß ein beträchtlicher Teil unseres Volkes reif für Hitler wurde: den vulgären Antisemitismus der ihrer selbst nicht Sicheren; die Arroganz des Grobklotzigen gegenüber dem differenzierten, in Spannungen lebenden Menschen; den Teutonismus des nationalsozialistischen Ressentiments, der nationale Größe nur in der Verkleinerung des Nachbarn zu spüren vermag, der die humanen Werte zu einer Funktion der politischen Arithmetik macht, für den die Würde des Menschen und des Volkes proportional zu deren quantitativen Attributen sind.

Sicher steht manches in Heines Sprache und Charakter im Zwielicht, das haben nicht nur Treitschke und seine Nachfolger gesehen, schon Börne, der radikale politische Jude aus Frankfurt, der gleichzeitig mit Heine in Paris lebte, hat es gesagt. Er hat Heine vorgeworfen, daß er zwar radikal, aber kein Volksmann sei; daß er alles lobe, was französisch ist, aber das Deutsche verspotte; daß er, statt sich der politischen Aktion in den Konventikeln der Emigranten zu widmen, sich der reinen Kunst ergebe, weil er schwache Nerven habe und die Gefahr scheue; darum feile er an jeder Tat herum, bis sie selbst zur Missetat zu schmächtig werde. Aber dieser selbe Börne sagte auch: »Gab es je einen Menschen, dem die Natur bestimmt hat, ein ehrlicher Mann zu sein, so ist es Heine. Er kann keine fünf Minuten, keine zwanzig Zeilen heucheln, keinen Tag, keinen halben Bogen lügen – er würde sich sofort verraten. Denn zu verbergen, daß er etwas zu verbergen hat, so weit bringt er es in der Vorstellung nie.«

Aber hat Heine nicht selber den Kritikern seines Charakters die Antwort erteilt? Hat er nicht selber klarer als irgendeiner zum Ausdruck gebracht, daß er notwendig der Mensch im Zwiespalt sein mußte, der Mensch im Konflikt? Kommt nicht in jedem seiner Verse, in jedem seiner Sätze zum Vorschein, wie sehr er darunter gelitten hat, daß er ein Freier war und doch ein Gebundener? Daß er ein Weltbürger war und doch ein Patriot? Daß er die Gleichheit all dessen, was Menschenantlitz trägt, aus tiefstem Herzen predigen mußte und doch über den Schatten seines Wissens nicht springen konnte, daß alles Schöne, aller Fortschritt auf der Welt nicht das Werk der vielen, sondern nur das seltene Werk einiger Weniger sein könne?

Was den Zeloten als das Zeichen des unsicheren Kantonisten erschien, war für ihn ein Handeln aus Notwendigkeit, eine Notwendigkeit, die der gemeine Geist nicht begreift. Lassen wir ihn selber reden:

»Es ist immer ein Zeichen von Borniertheit, wenn man von der bornierten Menge leicht begriffen und ausdrücklich als Charakter gefeiert wird. Bei Schriftstellern ist dies noch bedenklicher, da ihre Taten eigentlich in Worten bestehen, und was das Publikum als Charakter in ihren Schriften verehrt, ist am Ende nichts anderes als knechtische Hingebung an den Moment, nichts anderes als Mangel an Bildnerruhe, an Kunst.«

Vergessen wir auch nicht, was das verspätete Mittelalter im Bewußtsein der Zeitgenossen zu Beginn der Emanzipation nicht alles von einem Juden verlangte, der aus dem Ghetto oder dem geschlossenen Salon des Hofbankiers herauswollte, hinaus in die Atemluft des Volkes, das ihn umgab und für das er optierte: man verlangte von ihm, daß er das Judentum wenigstens anscheinend verlasse und sich zu einem Christentum bekenne, das die Jünger Hegels und Feuerbachs längst nicht mehr glauben konnten. So hat Heine von der Taufe als dem Entreebillett zur europäischen Kultur gesprochen. Kann es da wundernehmen, daß diese von der Umwelt bei Gefahr des Ausgestoßenbleibens vom Leben der Nation – das ja ein Leben im Geiste war – erzwungene Taufe die jüdische Intelligenz und damit Heine in einen erbitterten Gegensatz zu einem Stand der Dinge drängen mußte, der auf Charakterlosigkeit Prämien setzte und die einfachste Menschenwürde mit geistiger und gesellschaftlicher Verödung bestrafte? So machte eine bornierte Umwelt diese Menschen fast ausnahmslos zu Rebellen, und so wurde auch Heine ein Rebell gegen die Gesellschaft seines Vaterlandes, dessen bestimmende Schichten ihn nur als Paria gelten lassen wollten. So zog er es vor, mit vielen Gesichtern zu kokettieren und rettete sich ins Ausland, wo kein Philister ihn fragte, wes Nam und Art er sei, und er sich um das dortige Philistertum nicht zu scheren brauchte. Für viele Menschen, die die Heimat zwingt, in der Abseitigkeit zu leben, gibt es ja Freiheit nur, wenn sie mit einem fremden Passe im Ausland leben. Heine ist nicht das einzige Beispiel dafür. Heine hat von den Dingen seiner Zeit so gesprochen, weil er Jude war und die große Legitimation der Unterdrückung vorweisen konnte.

Dieses Rebellentum hat er nie aufgegeben. Es richtete

sich nicht gegen die Heimat, weil sie die Heimat war, es richtete sich gegen all das, was in seinen Augen in Deutschland die deutsche Wirklichkeit von der Idee der Deutschheit trennte. Er war dabei schonungslos gegenüber jedermann, auch gegenüber den Menschen, deren politische Auffassungen den seinigen nahestanden. Kein Konservativer hat gegen eine Art deutschen Revoluzzertums so strenge Worte gefunden wie er – übrigens auch gegen das polnische Revoluzzertum, das der Liebling der öffentlichen Meinung der Linken seiner Zeit gewesen ist! Die Radikalen seiner Zeit haben darum kein gutes Haar an ihm gelassen.

Er konnte es nicht ertragen, wenn etwas nur deswegen für gut erklärt wurde, weil es vom Volke ausgegangen war. Etwas Schlechtes und Geringes war ihm gleich schlecht und gering, ob es nun von einem König ausging oder von dem, was der Jargon der Zeit »das Volk« nannte. Im Grunde hat ihn am Volk immer nur das interessiert, was Goethe die »Volkheit« nannte. So böse er auch über die Gemütlichkeit gespottet hat, mit der die Deutschen noch ihre Revolutionen machen möchten – sie hätten, um einen König aufs Schafott zu führen, noch die goldene Staatskarosse anspannen lassen –, so sehr geißelte er den Radikalismus um seiner selbst willen: im Falle des Sieges zerstöre er die Schönheit, und was dann bleibe, sei ein geheilter Philister, aber eben ein Philister. »Denn Schönheit und Genie sind ja auch eine Art Königtum, und sie passen nicht in eine Gesellschaft, wo jeder, im Mißgeschick der eigenen Mittelmäßigkeit, alle hohe Begabung herabzuwürdigen versucht, bis aufs banale Niveau.« Freilich gilt diese Kritik nicht nur dem Radikalismus von links, sie gilt auch dem von rechts und dem der Mitte: denn Mittelmäßigkeit gibt es auf allen Seiten der Politik, und der

Bauernaufstand des Geistes kann auf allen Seiten losgehen – vielleicht überall leichter als auf der Linken, der Herzseite der Menschheit.

Und er, der die Französische Revolution gepriesen hat, zögerte als reifer Mann nicht zu sagen: Revolutionen seien ein Unglück; freilich sei ein noch größeres Unglück eine verunglückte Revolution. Wie leidenschaftlich hat er den Deutschen eine geglückte und echte Revolution gewünscht, die sie von allem »Plunder ihrer bärenhäutigen und zopfigen Unzeitgemäßheit« befreit hätte. Aber er verzweifelte an ihrer Begabung dafür: Revolutionen machten die Deutschen nie aus Zorn und Not wie andere Völker, sondern aus Mitleid, aus Sentimentalität und aus Rührung über das Schicksal fremder Völker und um diesen zu helfen. Er meinte die Polen seiner Zeit. Bei all dem war er unendlich hellsichtig. Immer hat er das Vordergründige des Bilderbogenheroismus der Barrikadenstürmer durchschaut:

»Nicht für sich, seit undenkbarer Zeit, nicht für sich hat das Volk geblutet und gelitten, sondern für andere. Im Jahre 1830 erfocht es den Sieg für die Bourgeoisie, die ebensowenig taugte wie jene Noblesse, an deren Stelle sie trat mit demselben Egoismus. Das Volk hat nichts gewonnen durch den Sieg als Leiden und größere Not. Aber seid überzeugt: wenn wieder die Sturmglocke geläutet wird und das Volk zur Freiheit greift, diesmal kämpft es für sich selber und verlangt es den wohlverdienten Lohn … Doch stille, mein Herz, du verrätst dich zu sehr …« Hat er aus dieser Angst und Hoffnung heraus das Weberlied gedichtet, dessen letzte Strophe lautet:

»Ein Fluch dem König, dem König der Reichen,
Den unser Elend nicht konnte erweichen,
Der den letzten Groschen von uns erpreßt
Und uns wie Hunde erschießen läßt.
Wir weben ... wir weben ...«

Keiner der klassenkämpferischen Poeten späterer Zeit hat so beißende Worte gefunden wie Heine in dem Gedicht, in dem er den frommen Sklavenhändler im Sturme zu Gott für seine Schiffsladung Menschenware beten läßt:

»Verschone ihr Leben um Christi willen,
Der für uns alle gestorben.
Bleiben mir nicht dreihundert Stück,
So ist mein Geschäft verdorben.«

Wenn einer die Ideologie entlarvt hat, die Christus sagt und Kattun meint, dann war es Heine. Und wenn einer daran verzweifelte, daß die Kirche seiner Zeit dem verelendenden Industrieproletariat nichts anderes glaubte bieten zu sollen als die Hoffnung auf die ausgleichende Gerechtigkeit im Himmel, dann ist es Heine gewesen.

Das hat man ihm als Haß gegen das Christentum ausgelegt. Sicher, er hat böse Worte über eine bestimmte Art von Gottesglauben gefunden. Aber stand er dabei allein? Haben das nicht mehr oder weniger alle Jung-Hegelianer getan, jene Bruno Bauer so gut wie jene anderen, die Treitschke »Orientalen« nennt? Warum hat man über den Worten *dieses* Heine die Worte jenes anderen Heine vergessen, der derselbe Heine war: die Worte, in denen er der Hegelschen Häresie abschwört, in der sich der Mensch als Herr der Welt habe fühlen können, »während ich doch nur ein armseliges Menschenkind bin, eine seufzende Kreatur, die mit der Weltregierung nichts mehr zu schaffen hat und die sich in Not und Trübsal an den Herrgott wenden mußte, der im Himmel wohnt. Ach, der Spott Gottes lastet schwer auf mir!«?

Und wie spricht Heine von der Bibel, der Heiligen Schrift! Nicht nur von dem Alten Testament, das den Christen und den Juden heilig ist, auch von dem Neuen Testament, von dem er sagt, daß er ihm die Wiedererweckung seines religiösen Gefühls verdanke und das für ihn eine Quelle des Heils als auch ein Gegenstand frömmster Bewunderung geworden sei.

Lassen wir ihn selber weiterreden: »Aus dem Alten Testament springe ich ins Neue, und auch hier überschauert mich die Allmacht des großen Buches. Welch heiligen Boden betritt hier dein Fuß! Bei dieser Lektüre sollte man die Schuhe ausziehen wie in der Nähe von Heiligtümern.« Und von der Gestalt Christi sagt er einmal: »Die weißen Marmorleiber der griechischen Götter wurden bespritzt von diesem Blut und konnten nimmer genesen.«

So spricht kein Mann, der das Christentum haßt! Und es ist kein Argument dagegen, daß er einmal den Himmel den Engeln und den Spatzen überlassen wollte – was weniger gegen das Christentum gerichtet war als gegen eine bestimmte Sorte von Theologen, die meinten, aus ihren hergebrachten Prämissen deduzieren zu können, was Gott hier und jetzt mit der Welt vorhabe, und die darum sich dagegen wandten, daß einige Menschen sich Gedanken darüber machten, wie man die Welt nicht nur erklären und erleiden, sondern auch verändern könne.

Wahrhaftig – er war kein Verächter von Religion und Christentum! Er hat nur den Weg durchschritten und durchlitten, den so viele andere durchschritten und durchlitten haben ... Gibt es einen, den es nicht rührte, wenn er Heine sagen hört: »Man sieht, daß ich, der ehemals den Homer zitierte, nun die Bibel zitiere wie der Onkel Tom …« Er vergleicht sich also mit diesem armen Negersklaven in dem bekannten Roman.

Am meisten haben in Deutschland zwei Vorwürfe das Bild Heines befleckt: der Vorwurf der Immoralität und der Vaterlandslosigkeit.

Sicher, er war kein »Tugendbold«; Goethe war es auch nicht. In den »Römischen Elegien« und anderswo finden sich bei dem Fürsten der Dichter, bei diesem Größten aller Deutschen, Verse, die man Heine in der guten Stube der Bürgerlichkeit – sie ist an keinen Stand gebunden – nie verziehen hätte. Sicher, er hat in Paris das Leben geführt, das ein freier Literat dieser Zeit zu führen pflegte. Ein solches Leben wird keiner als Vorbild aufrichten. Aber mit Steinen hat noch immer der am liebsten geworfen, der im Glashause sitzt, und sei es auch nur im Glashaus der Tugend aus Dürftigkeit. Aber lassen wir auch hier Heine selber reden: »Ich habe nie, auch nie in meiner tollsten Jugendzeit, ein Weib erkannt, wenn ich nicht dazu begeistert wurde durch ihre Schönheit, die körperliche Offenbarung Gottes, oder durch die große Passion, jene große Passion, die ebenfalls göttlicher Art ist, weil sie uns von allen selbstsüchtigen kleinen Gefühlen befreit und die eitlen Güter des Lebens, ja, das Leben selbst, hinopfern läßt.« Wenn das die Sprache eines Libertiners ist, dann sind viele Große der Menschheit Libertiner gewesen!

Heine soll vaterlandslos gewesen sein. Nun, das erste, was er tat, als er in Paris ankam, war, nach der Bibliothèque Royale zu gehen, um sich die Blätter der Manessischen Handschrift zeigen zu lassen, und bei der Lektüre fand er, daß Walther von der Vogelweide der größte deutsche Lyriker sei ... Handelt so einer, der ins Ausland geht, um den Staub des Vaterlandes von seinen Schuhen zu schütteln?

Man hat ihm vorgeworfen, er habe sich von der französischen Regierung eine Leibrente aussetzen lassen und sei Franzose geworden. Als ihm dieser Vorwurf gemacht wurde, hat Heine ein Wort gefunden, das zu den stolzesten gehört, die in unserer Sprache gesprochen worden sind:

»Es war der närrische Hochmut des deutschen Dichters, der mich davon abhielt, auch nur pro forma ein Franzose zu werden ... In bezug auf das, was wir den Patriotismus nennen, war ich immer ein Freigeist, doch konnte ich mich nicht eines gewissen Schauders erwehren, wenn ich etwas tun sollte, was nur halbwegs als eine Lossage vom Vaterland erscheinen konnte ... Die Ehe, die ich mit unserer lieben Frau Germania, der blonden Bärenhäuterin, geführt habe, war nicht sehr glücklich gewesen. Auch lebten wir zuletzt getrennt von Tisch und Bett ... Die Naturalisation mag für andere Leute passen. Ein versoffener Advokat ... mag immerhin, um ein Schulmeisteramt zu erschleichen, sein Vaterland aufgeben – aber dasselbe geziemt sich nicht für einen deutschen Dichter, der die schönsten Lieder gedichtet hat ... Es wäre für mich ein entsetzlicher, wahnsinniger Gedanke, wenn ich mir sagen müßte, ich sei ein deutscher Poet und ein naturalisierter Franzose ...« Freilich hatte er auch viel an den Deutschen auszusetzen: die Kleinbürgerei, das Metternichsche System der Unfreiheit, den Kleingeist seiner Kleinstädter, die dümmliche Arroganz einer gewissen Sorte preußischer Junker, den Übermut der Ämter und die Borniertheit ihrer Inhaber. Und ebensosehr verleidete ihm das Epigonentum seine deutsche Gegenwart – z. B. die schwäbische Dichterschule und manches andere noch –, das auf dem hohen Kothurn einherstolzierte und in Kupfergroschen ausmünzte. Am meisten aber litt er darunter, daß die Deutschen glaubten, es den großen, alten Nationalstaaten Europas gleichtun zu müssen – auf die verkehrteste Art gleichtun zu müssen, indem sie in teutonisches Bardentum verfielen und das zu einende Deutschland im Kyffhäuser der Liedertafeln und der Schulmeister proklamieren wollten. Wie spottete er über das Verhalten auf dem Hambacher Fest, wo das Revolutionskomitee erklärte: es sei nicht zuständig, eine Revolution im Namen des ganzen deutschen Volkes anzufangen, denn hier seien im allgemeinen nur Pfälzer!

Dieses teutonisierende Schilda, gekoppelt mit Borussentum, war es, das ihn so oft die deutsche Gegenwart schmähen ließ. Aber war es nicht verletztes Vaterlandsgefühl, verwundete Vaterlandsliebe, was ihn so sprechen ließ? Hören wir, wozu er die Deutschen für fähig hielt, worin er die Aufgabe der Deutschen sah:

»Und Deutschland? Ich weiß nicht. Werden wir endlich von unseren Eichenwäldern den rechten Gebrauch machen, nämlich die Barrikaden für die Befreiung der Welt aufrichten? Werden wir, denen die Natur soviel Tiefsinn, soviel Kraft, soviel Mut erteilt hat, endlich unsere guten Gaben benutzen und das Werk des großen Meisters, die Lehre von den Rechten der Menschheit, begreifen, proklamieren und in Erfüllung bringen?« Darin sah er die den Deutschen vorbestimmte Größe, nicht anders als Schiller sie in seinem Fragment »Deutsche Größe« gesehen, nicht anders als Hölderlin sie im Hyperion sah, klagend über sein Volk, das so gedankenreich und tatenarm sei. Wenn sich die Deutschen dazu aufgeschwungen hätten – sie hätten es gekonnt –, hätte es keinen leidenschaftlicheren Sänger ihres Ruhms gegeben als Heinrich Heine.

Aber er wollte es nicht mit denen halten, für die Patriotismus darin bestand, davon zu träumen, in Frankreich, diesen »schönen Menschengarten«, einzufallen, um den Tod Konradins zu rächen, oder einem politischen Rheinmythos zu frönen oder gar nur um Preußen größer zu machen, als es der Wiener Kongreß hatte werden lassen. Vor dieser Art Patriotismus erfaßte ihn ein Grausen. »Sollte sich das Entsetzliche begeben und Frankreich, das Mutterland der Zivilisation und der Freiheit, ginge verloren durch Leichtsinn und Verrat, und die potsdämliche Junkersprache schnarrte wieder durch die Straßen von Paris, und schmutzige Teutonenstiefel befleckten wieder den heiligen Boden der Boulevards und das Palais Royal röche wieder nach Juchten, dann würden alle Flüche der Menschheit den Urheber solchen Verderbens treffen!«

Ist das der Ausdruck der Vaterlandslosigkeit, als den Treitschke diese Sätze brandmarkt? Ist das nicht Geist vom deutschen Geiste? Haben nicht so alle jene gedacht, die in der deutschen Volkheit eine spezifische Form des Menschseins sahen, für die sie jedes Opfer zu bringen bereit waren, und die darum jeder anderen Nation die Achtung erwiesen, die sie der Menschheit selber schuldig zu sein glaubten?

Wie wenig Heine dabei nur an den einen Patriotismus der Gefühle und der Begriffe dachte, lehrt uns seine Vision der Gefahr, die vor der östlichen Schwelle Europas lauerte, der Gefahr des Rußlands der Zaren: »Wenn die große Stunde schlägt, wo wir uns zu verteidigen haben gegen den furchtbaren Riesen, der jetzt noch schläft und im Geiste wächst, die Füße weit ausstreckend in die duftigen Blumengärten des

Morgenlandes, mit dem Haupte anstoßend an den Nordpol, träumend ein neues Weltreich ... Dann wird Deutschland mit diesem Riesen den Kampf bestehen müssen.«

Aber noch sah er die Welt nicht unmittelbar vor dieser Gefahr stehen. Er sah eine andere, nähere, eine deutsche Gefahr, eine Gefahr, die im Undeutschwerden der Deutschen liegen könnte, die Gefahr, die Deutschen könnten wieder zu Germanen werden, zurücksinken in einen Stand der Entwicklung, über den sie Christentum und Humanismus längst emporgehoben haben, die Gefahr, die neuen Teutonen könnten auf das Gebot des neuen Fetischs des imperialistischen Nationalstaates hin aufbrechen und zerschlagen, was ein Jahrtausend europäische Humanität geschaffen hatte. Noch halte das Christentum sie zurück, in ihren Urzustand zurückzufallen – aber das Kreuz sei morsch, eines schönen Tages werde es kläglich zusammenbrechen. Dann würden die alten steinernen Götter sich aus dem verschollenen Schutt erheben und sich den tausendjährigen Staub aus den Augen reiben, und Thor werde mit dem Riesenhammer emporspringen und die gotischen Dome zerschlagen. Dann sollten sich die anderen Nationen hüten, sich dareinzumischen, sie sollten nicht versuchen, dieses Feuer zu löschen oder es anzufachen – sie würden in beiden Fällen daran verbrennen.

»Lächelt nicht über meinen Rat, den Rat eines Träumers, der euch vor Kantianern, Fichteanern und Naturphilosophen warnt. Lächelt nicht über den Phantasten, der im Reiche der Erscheinungen dieselbe Revolution erwartet, die im Gebiete des Geistes stattgefunden. Der Gedanke geht der Tat voraus wie der Blitz dem Donner. Der deutsche Donner ist freilich auch ein Deutscher und ist nicht sehr gelenkig und kommt etwas langsam herangerollt; aber kommen wird er, und wenn ihr es einst krachen hört, wie es noch niemals in der Weltgeschichte gekracht hat, o wißt: der deutsche Donner hat endlich sein Ziel erreicht. Bei diesem Geräusche werden die Adler aus der Luft tot niederfallen, und die Löwen in der fernsten Wüste Afrikas werden die Schwänze einkneifen und sich in ihren königlichen Höhlen verkriechen. Es wird ein Stück aufgeführt werden in Deutschland, wogegen die Französische Revolution nur wie eine harmlose Idylle erscheinen möchte. Jetzt ist es freilich ziemlich still; und gebärdet sich auch dort der eine oder andere etwas lebhaft, so glaubt nur nicht, diese würden einst als wirkliche Akteure auftreten. Es sind nur die kleinen Hunde, die in der leeren Arena herumlaufen und einander anbellen und beißen, ehe die Stunde erscheint, wo dort die Schar der Gladiatoren anlangt, die auf Tod und Leben kämpfen sollen. Und die Stunde wird kommen.«

Und er riet dem Volke Frankreichs, auf der Hut zu sein und nicht zu vergessen, daß die Göttin der Weisheit Helm und Harnisch trage. Er hat dies im Jahre 1852 geschrieben. Man mag früher das Recht gehabt haben, über diese Version zu lächeln oder sich darüber zu erbosen – aber ist sie nicht in grausiger Weise im Dritten Reich Wirklichkeit geworden? Ist damals nicht alles ausgelöscht worden, was der Welt in Deutschland und durch Deutschland an Menschlichkeit zugebracht worden war? Ist hier nicht der Ungeist König geworden unter betrügerischer und unwissender Berufung auf den Geist, den unsere großen Philosophen in so lauterer und großartiger Weise beschworen haben? Ist es uns erlaubt, zu leben, als habe sich diese Prophetie nicht erfüllt?

Nein und abermals nein – lassen wir nach all dem, was bei

uns geschehen ist, das bittere Wort Heines nicht Wahrheit werden, das da lautet: »Das Volk steinigt gerne seine Propheten, um ihre Reliquien desto inbrünstiger zu verehren. Die Hunde, die uns heute anbellen, morgen küssen sie gläubig unsere Knochen …« Nehmen wir den Dichter nicht als eine Reliquie, um die man einen goldenen Schrein baut – nehmen wir ihn als eine lebendige Kraft, die uns selber Kräfte zubringt – sehen wir uns als ein Geschlecht, das zu vollenden hat, wozu er aufrief, wofür er die Verbannung erlitten und in der er mehr litt als irgendeiner:

»Jetzt sind meine armen Flügel verbrannt,
ich kann nicht zurück ins Vaterland,
ich bin ein Wurm und ich verrecke
und ich verfaule im fremden Drecke …«

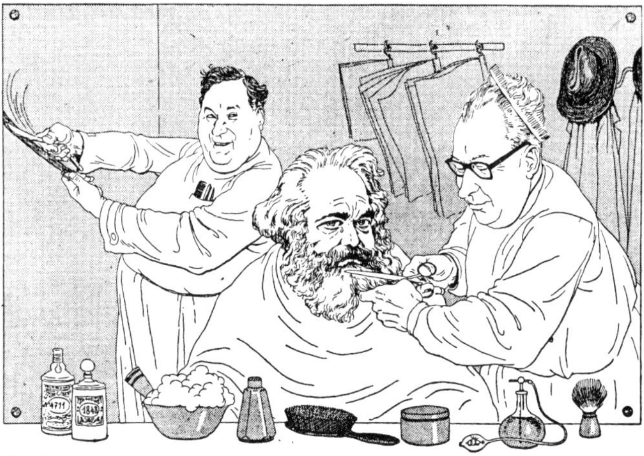


*Der Bart ist ab.* *„Natürlich ist's schade um das alte Familienstück, aber hundert Jahre jünger aussehen — ist das vielleicht nix, Herr Marx?"*

Sind Karl Marx und Friedrich Engels die wirkungsvollsten Theoretiker der industriellen Revolution und ihrer ökonomischen, gesellschaftlichen, politischen Implikationen gewesen, so war die Hervorbringung der politischen Arbeiterbewegung Deutschlands als selbständige politische Partei, die sich für das Instrument der Geschichte zur Vollstreckung ihrer von Marx und Engels gefundenen Gesetze hielt, unbestreitbar das Verdienst Ferdinand Lassalles. Es waren nicht so sehr die schwer eingängigen, wenn auch brillant formulierten apokalyptischen Geschichtsbetrachtungen der beiden Dioskuren, was der deutschen Arbeiterschaft die Augen öffnete und ihr die Kräfte des Willens weckte, ohne die Theorie zu Bibliotheksmaterial wird; es war der Appell Ferdinand Lassalles, der zwar von den theoretischen Grundlegungen Marxens ausgehend, an die Stelle dessen wissenschaftlicher Analyse eine Visierlinie setzte, deren Wert und Sinn immerfort auf das eigentliche Ziel am Horizont der Geschichte wies: die Befreiung des Menschen aus der Objektsituation, in die ihn die seelenlosen Mechanismen der arbeitsteiligen Industriegesellschaft geworfen hatten; die Aufhebung der Selbstentfremdung des Menschen durch die Willenskraft des Menschen selbst.

Freilich muß einer, der die Geschichte der Sozialdemokratie in Deutschland nur anhand des Schriftgutes studieren sollte, den Eindruck gewinnen, daß von Anfang an der Marxismus die Leistung Lassalles ins Dunkel gerückt habe.

Sicher gingen in der Auseinandersetzung beider Denkbilder fast alle ersten Runden an Karl Marx – soweit das theoretische Selbstbewußtsein der deutschen Sozialdemokratie betroffen ist. Aber in ihrer tätigen Selbstverwirklichung erwies sich die deutsche Sozialdemokratie nach kurzem Schwanken doch immer mehr als ein Kind des Geistes Lassalles denn als Verwalterin der eschatologischen und apokalyptischen Geschichtsschau eines Widersachers, der ihn bei Lebzeiten bitter befehdete, aber von dem Gefallenen in einem Brief mit folgenden Worten sprach: »So voll von Leben, Geist, Tatkraft, Vorsätzen, so ganz und gar jugendlich, wie er mir vorschwebt, nun plötzlich totenstill und atemlos ...«

Letztlich war der Sieg des Marxismus innerhalb der Sozialdemokratischen Partei Deutschlands ein Scheinsieg. Der Geist Lassalles wurde zwar aus den Programmschriften vertrieben, aber in der konkreten Alltagspolitik der Partei hat er sich mächtig ausgebreitet und den Marxismus »in seinem Anders-Sein« verwirklicht. Es ist ein seltsames Phänomen, daß der Weg, den Lassalle gewiesen hat (»Der Weg, den uns geführt Lassalle«, heißt es im alten Kampflied), desto nachhaltiger der Weg der Sozialdemokratischen Partei Deutschlands geworden ist, je mehr sich diese Partei – besonders auf dem Erfurter Parteitag 1891 – ideologisch von den Anschauungen Lassalles offiziell distanziert hatte.

Während der Marxismus schon in den Jahren nach der Jahrhundertwende für die deutschen Sozialdemokraten – ausgenommen einige Gruppen von Intellektuellen – wesentlich zum Arsenal überlieferter Thesen wurde, deren emotionaler Appell immer mehr in einen heillosen Widerspruch zur Praxis geriet, hat der Lassalleanismus gleichsam unterirdisch die konkreten politischen Vorstellungen der

Sozialdemokratie in dem Maße zunehmend befruchtet, wie die Arbeiterbewegung durch die parlamentarischen Erfolge in eine politische Verantwortung gegenüber der Gesamtgesellschaft hineinwuchs.

Es wäre reizvoll, hier darzutun, in welchem Maße der Unterschied der Charaktere beider Gründer der politischen Arbeiterbewegung ursächlich für die Verschiedenheit der Standpunkte war, die sie je und je bezogen. Golo Mann hat uns ein treffliches Bild des Lebens Ferdinand Lassalles gezeichnet, jenes Lebens voller Noblesse, voller Skandale und Intrigen, voller Nachdenklichkeit und Tatkraft, das einen Balzac nötig gehabt hätte, um uns in seiner inneren Wahrheit überliefert zu werden, und das einen Heinrich Heine entzückt hat. Wir wissen, daß Lassalle maßlos und unbeherrscht war, daß er, nach seinen eigenen Worten, um der Leidenschaft zu einer geliebten Frau willen »Arbeiterverein, Politik, Wissenschaft« abzuschreiben bereit war – wenigstens im Affekt … Und doch hat er die so begehrte Laufbahn des Gelehrten aufgegeben, um den deutschen Arbeitern das Instrument zu schmieden, dessen sie bedürfen würden, um den Weg aus der Untertanenschaft in die Freiheit zu finden. Dieser »am ersten Morgengrauen weckende Trommelschläger der deutschen politischen Arbeiterbewegung« (G. Mayer) hatte seine demokratische Seele von aristokratischen Tendenzen überwuchern lassen (Bernhard Harms) und ist doch keinen Augenblick einen Schritt weit von dem abgewichen, was er für seine Bestimmung hielt.

Reizvoll wäre es auch, am Beispiel Ferdinand Lassalles zu zeigen, daß der Politiker von Geblüt, der Mann, der im rationalen Umgang mit der Macht Wesensbejahung finden will, immer auch ein starkes, akzentuiertes »persönliches« Leben haben wird. Die Politik wird immer nur eine seiner Leidenschaften sein. Die Grundleidenschaft ist der Wille zur Selbstverwirklichung, der Wille zur Macht über sich, zur Macht über Menschen – vor allem aber zur Macht über die vorgegebenen Umstände, die dem Leben nicht mehr zu geben bereit sind als festgelegte Geleise und vorgestellte Weichen.

Doch diesen Versuch, die Sache aus der Person allein zu erklären, hätte Ferdinand Lassalle selbst »schlechte Partikularistik« gescholten; er, der zutiefst davon überzeugt war, daß kein individuelles Sondersein »die Geschichte zu überlisten« vermag. Wenn man genau hinschaut, wird einem deutlich, daß jener Breslauer »Preuße« nicht einfach bloßer Neigung nachgab, als er dem Anruf einer organisierten Gruppe Leipziger Arbeiter folgte, die von ihm die Formulierung einer theoretischen Plattform für eine selbständige Arbeiterpartei erbat. Er sagte der ins Auge gefaßten wissenschaftlichen Karriere ab, weil er wußte, daß die Zeit nicht nur Gedanken brauchte, nicht nur Erkenntnis, sondern daß sie eine *politische* Leistung erforderte: die politische Emanzipation der größten noch unmündigen Klasse in Deutschland, der Arbeiterschaft, die nicht ohne einen Geburtshelfer geschehen konnte. Dieser Geburtshelfer aber konnte nur einer sein, der, ob auch von außen her kommend, wußte, daß er sein persönliches Schicksal mit dem jener identifizieren mußte, die es freizumachen galt.

Der Kern der unterschiedlichen Auffassungen von dem, was gerade in Deutschland angesichts der allgemeinen Aufgaben und der Ziele der Zeit nottat, liegt in den unterschiedlichen Vorstellungen Lassalles und Marxens von dem Stand der politischen und gesellschaftlichen Verhältnisse in Deutschland; von der Möglichkeit oder Unmöglichkeit, vom liberalen Bürgertum Deutschland ein Weitertreiben der politischen Entwicklung zu erwarten; von der Fähigkeit der parlamentarischen Demokratie, den Staat der Arbeiterschaft heraufzuführen, und von der Rolle des Staates überhaupt. Dazu kam, daß Lassalle zwar durchaus den Sozialismus, d. h. die Beseitigung der Klassenherrschaft als das letzte und notwendige Ziel anstrebte, daß ihm aber sowohl das Endzeit-Denken als auch das Denken in den Automatismen der materialistischen Geschichtsauffassung fremd blieb. Er wußte, daß seine Generation die Umwandlung ihrer Epoche, in die des Sozialismus nicht mehr erleben würde. Sollte aber dieses Bewußtsein die jetzige Generation daran hindern, zu ihren Lebzeiten so viel Etappen zurückzulegen, als in ihren Kräften stand? Das Ergreifen von Vorläufigem, das Setzen von Annäherungswerten konnte in sich selber kein Übel sein; ein Übel wurde es nur, wenn man es für das Letzte, das zu Erstrebende selbst ausgab, wenn man es verabsolutierte.

Für Karl Marx und Friedrich Engels waren England und Frankreich als die meist industrialisierten Länder ihrer Zeit die Schlüsselpunkte der Entwicklung. In ihnen hatte die industrielle Revolution schon Formen angenommen, die als Vorstadien der politisch-revolutionären Situation angesprochen werden konnten. Deutschland dagegen war in den Augen von Marx sozusagen noch ein unterentwickeltes Land, es war noch nicht reif für das »letzte Gefecht«. Es war wichtig als Zubringer, als einer der möglichen Hebel, die mithelfen konnten, in den Schlüsselländern die Herbeiführung der fälligen revolutionären Situation zu beschleunigen. Die deutsche Arbeiterschaft konnte für sich allein das Ziel nicht ansteuern. Alles, was die deutsche Arbeiterklasse in diesem Zeitpunkt könne, sei, dem fortgeschrittensten und emanzipationsfreudigsten Teil der Bourgeoisie bei deren Kampf gegen den alten Staat Schützenhilfe zu leisten. Die Aufgabe sei also, die linken Liberalen, die sogenannten Freisinnigen, Demokraten, Fortschrittsmänner bei ihrem Kampf gegen das Junkertum Bismarcks zu unterstützen.

Lassalle lebte in Deutschland und stand mitten in der politischen Feuerlinie und nicht, wie Karl Marx und Friedrich Engels, in der Isolierung der Emigration. Die »Londoner« hatten Anfang der sechziger Jahre kaum mehr als nur über gelegentliche Besuche unmittelbare Unterrichtungsmöglichkeiten über die deutschen Verhältnisse. Ferdinand Lassalle wußte besser als sie, daß die wenigen deutschen Arbeiter, die überhaupt schon für eine radikale politische Bewegung Interesse hatten, noch keineswegs an eine selbständige politische Klassenbewegung dachten. Er sah, daß sie gemeinhin als Anhängsel des liberalen Bürgertums auftraten und in der Fortschrittspartei ihre politische Heimat sehen wollten. Und deshalb verlangte er, daß zunächst einmal diese Anhängselrolle aufgegeben würde; nicht länger sollte die deutsche Arbeiterschaft politisch im Nachtrab des Bürgertums marschieren. Dieser widernatürliche Zustand müßte aufhören, wenn nicht ein anderes Mal – wie 1830, wie 1848 – das Proletariat nur dazu gut sein sollte, für die Bourgeoisie die Kastanien aus dem Feuer zu holen. 1848 hatten die Liberalen vor der Reaktion kapituliert, weil sie anfingen, die politischen Forderungen der Arbeiterschaft mehr zu fürchten als den Staat der Konservativen, der ihnen doch das Monopol auf Besitz und Bildung garantierte. Nunmehr sollte eine deutsche Arbeiterpartei sich als der wahre Erbe der freiheitlichen Impulse ausweisen, die 1848 zur Revolution geführt hatten.

Marx mochte in seinen theoretischen Analysen weithin recht haben – vor allem auch darin, daß die historische Mission der Arbeiterklasse keine Landesgrenzen kenne. Somit sei der Kampf für den Sozialismus eine internationale Aufgabe des internationalen Proletariats. In der Frage des Weges, den die damalige Arbeiterschaft Deutschlands einzuschlagen habe, sollte er aber unrecht haben. Gerade wenn man der Meinung war, daß die Befreiung der Arbeiterklasse nur das Werk der Arbeiterklasse selbst sein könne, genügte es nicht, sich auf internationalen Klassenkampf und Dialektik zu verlassen; man mußte vielmehr die Arbeiterschaft im Staate zu einem eigenen politischen Körper organisieren, der auch die Kraft aufbringen konnte, allein und zielbewußt zu operieren.

Natürlich hat Ferdinand Lassalle den internationalen Aspekt des Problems der Emanzipation der Arbeiterklasse nie geleugnet oder gar übersehen. Aber er ordnete ihn den deutschen Bedürfnissen unter und meinte, innerhalb der Nation habe die Arbeiterklasse auf dem Wege zum Sozialismus ihre eigene nationale Aufgabe zu erfüllen. Darum müsse eine deutsche Arbeiterbewegung, eine deutsche politische Arbeiterpartei geschaffen werden, ob das internationale Interesse es erheische oder nicht. Dem »Naturprozeß« der dialektisch-ökonomisch begriffenen Selbstentfaltung der Geschichte stellt er das Pathos der Selbstverwirklichung der Nation im Ergreifen des rechten Augenblicks gegenüber. Das ist es, was 1863 zur Gründung des Allgemeinen Deutschen Arbeitervereins geführt hat; die I. Internationale folgte ein Jahr später nach.

Es war die spezifische Leistung Lassalles, die deutsche Arbeiterschaft aus dem Nachtrag der verschiedenen liberalen Parteien herausgenommen zu haben. Die großen Forderungen des humanitären Liberalismus müßten im Zeitalter der industriellen Revolution von anderen in die Hand genommen werden als den »Liberalen«, sollten sie nicht nur auf dem Papier stehenbleiben, Privileg einer Minderheit von Besitz und Bildung sein. Darum müsse die Arbeiterschaft davon überzeugt werden, daß ihr Kampf um Verbesserung ihrer Lebensbedingungen nicht allein auf dem Boden der Gesellschaft und der Wirtschaft ausgetragen werden könne, sondern daß er mit politischen Mitteln innerhalb des Staates und auf den Staat hin zu führen sei.

Diese Absage an den Weg des liberalen Bürgertums war keine Absage an die Demokratie. Ganz im Gegenteil: Lassalle warf auch den linken Liberalen noch vor, daß sie die volle Emanzipation der Arbeiterklasse gar nicht wollten, aber dem Arbeiter vorgaukelten, daß seine Interessen bei ihnen gut aufgehoben seien. Viele Arbeiter glaubten das und spielten so, wenn auch ohne es zu wollen, das Spiel von Leuten, die mit ihnen ganz anderes im Sinne hatten, als man vorgab. Darum betonte Lassalle auch immer wieder, daß die Arbeiter im Verfassungskonflikt der Liberalen mit Bismarck nicht Partei zu nehmen brauchten, da auch bei einem Erfolg der Liberalen für sie nicht viel herauskommen könne. Würden die Liberalen gegen Bismarck siegen, dann würde den politischen Impulsen der Arbeiterklasse die Vehemenz genommen. Gewiß: auch Bismarck sei ein Gegner, an dem man nicht vorbeikönne, aber von der Seite, wo dieser Erzjunker stehe, drohten der Arbeiterschaft doch keine Versuchungen, drohe keine Verweichlichung. Durch seinen Kampf gegen die bürgerliche Linke wollte Ferdinand Lassalle der Verschiebung der eigentlichen Fronten wehren. Darum richtete er trotz der Kritik Marxens alle Angriffe auf das liberale Bürgertum, dessen Diskreditierung ihm die unabdingbare Voraussetzung für die Bahnung des Weges schien, der allein zur politischen und gesellschaftlichen Emanzipation der deutschen Arbeiterklasse führen konnte. Dieser Weg könne, so meinte er, nur trassiert und gebahnt werden durch eine selbständige, ihre eigenen Forderungen erhebende, dem Staat zugewandte Arbeiterpartei. Das Beispiel, das Marx vor Augen sah: eine klassenmäßige und außerhalb des Staates organisierte Arbeiterschaft, die bei den Parlamentswahlen ihre Stimme einmal den Liberalen, das andere Mal den Konservativen gab – je nachdem, was beide Parteien boten –, gefiel ihm nicht. Die Arbeiter sollten selbst in die Parlamente gehen und, gestützt auf eine straff organisierte Bodenorganisation, für ihre Rechte selber kämpfen.

Demgegenüber bekannten sich Marx und Engels auch in den sechziger Jahren im Grunde noch zu einer achtundvierziger Taktik. Damals meinten sie, das Proletariat verfolge seine eigenen Klassenzwecke am besten, wenn es die demokratische Volksbewegung nicht spalte, sondern gewissermaßen als deren linker Flügel operiere. Man kann die Richtlinien dafür im Kommunistischen Manifest nachlesen. Seit den fünfziger Jahren allerdings meinten auch sie, das Proletariat solle sich von allen kleinbürgerlichen Einflüssen freimachen und aufhören, hinter der linken Bourgeoisie herzumarschieren. Die Arbeiterklasse solle begreifen, daß sie die einzige revolutionäre Klasse der modernen Gesellschaft ist. Aber diese Erkenntnis sollte nur im internationalen Maßstab gelten; im nationalen Rahmen, genauer für Deutschland, sollte es bei dem Zusammenwirken der Arbeiterklasse mit den linken Liberalen bleiben. Darum tadelten sie an Lassalle, daß er gegenüber Bismarck nicht ebenso Front mache wie gegen die Fortschrittler. Ja, sie gingen so weit, zu behaupten, Lassalle lasse sich vor den Karren Bismarcks spannen, ohne irgendwelche Garantien in Händen zu haben. Dieser Tadel geht fehl. Lassalle tat nichts anderes als das, was im Weltmaßstab Marx und Engels der Arbeiterklasse schlechthin aufgegeben hatten.

Die politische Taktik Lassalles bedeutete also im Grunde gar keine so starke Abweichung von den politischen Prinzipien von Marx und Engels, wie es auf Grund des späteren Kampfes, den beide gegen die »Lassalle-Legende« führten, scheinen will. Lassalle zog nur die schärferen Konsequenzen aus dem politischen Situationswandel, der mit dem Scheitern der 48er Revolution eingetreten war. 1852 hatte Engels in seinen, unter Marx' Namen veröffentlichten, Betrachtungen über die deutsche Revolution konstatiert, daß »der deutsche Liberalismus, die Herrschaft der Bourgeoisie, gleichviel ob unter monarchistischer oder republikanischer Regierungsform, in Deutschland für immer unmöglich« sei, und immer wieder gossen er und Marx nach 1848 die volle Schale ihres Spottes über die schwächliche, schwankende und phrasenhafte politische Haltung der Mittelschichten aus: »Knurrend gegen oben, zitternd gegen unten, egoistisch nach beiden Seiten und sich ihres Egoismus bewußt, revolutionär gegen die Revolutionäre, ihren eigenen Stichworten mißtrauend, Phrasen statt Ideen, eingeschüchtert vom Weltsturm, den Weltsturm exploitierend, Energie nach keiner Richtung … schachernd mit ihren eigenen Wünschen, ohne Initiative, ohne Glauben an sich selbst, ohne Glauben an das Volk, ohne weltgeschichtlichen Beruf, ein vermaledeiter Kreis, dazu verdammt, die ersten Jugendströmungen eines robusten Volkes in seinem eigenen altersschwachen Interesse zu leiten und abzuleiten.«

Lassalle dachte nicht anders denn Marx und Engels über den politischen Charakter der Mittelschichten, zumal der Mittelschichten in Deutschland. Schon im Herbst 1848 hat er nach der Niederlage der Revolution als »Letzter der Mohikaner im Rheinland« gegenüber Marx bekannt, »daß kein Kampf mehr in Europa glücken kann, wenn er nicht von vornherein ein prononciert rein sozialistischer ist; daß kein Kampf mehr glücken wird, der die sozialen Fragen bloß als dunkles Element, als an sich seienden Hintergrund in sich trägt und äußerlich in der Form einer nationalen Erhebung oder des Bourgeois-Republikanismus auftritt; daß kein Kampf glücken kann, der nicht von vornherein, wie im Juni 1848, ›Arbeit oder Tod‹ ohne jeden weiteren Beisatz zu einer ausgesprochenen Parole macht.«

Lassalle war es klar, daß von dem liberalen Bürgertum nichts mehr zu erwarten war. Diesem fehlte, wie er glaubte, jedes Verständnis für den Faktor »Macht« im Verfassungsleben und darum auch das Verständnis für das Wesen der Geschichte selbst. Die revolutionäre Mission des Bürgertums war durch das Scheitern der Revolution 1848 zu Ende gegangen. Einen Staat der Liberalen zu schaffen, würde künftighin ganz und gar unmöglich sein. Zwar würde man das liberale Vokabular beibehalten, aber im Reiche der Tatsachen werde man konservativ werden – das Wort in dem schäbigen Verstande der schlechthinnigen Erhaltung der in Staat und Gesellschaft, vor allem aber in der Wirtschaft erworbenen Positionen.

Doch von der Erkenntnis dessen, was nottat, bis zur Schaffung des Notwendigen war ein weiter Weg. Auch die fortschrittlichsten Arbeiter waren nur wenig von sozialistischen Vorstellungen ergriffen. Dazu waren sie politisch völlig unerfahren. Es fehlte ihnen durchaus noch ein für sie spezifisches politisches Bewußtsein. Kein Wunder, daß sie am Gängelband der Fortschrittspartei gingen! Was gab es denn schon an spezifischen Arbeiterorganisationen? Es gab die Arbeiterbildungsvereine – sie waren völlig von Fortschrittsmännern beherrscht. Der Nationalverein, in dem diese Vereine mit anderen zusammengefaßt waren, zählte 1863 23 500 Mitglieder; der Allgemeine Deutsche Arbeiterverein Lassalles zählte bei seinem Tode rund 4500 Mitglieder!

August Bebel kam aus dieser Welt. Lassen wir ihn selbst sprechen: »Sozialistische und kommunistische Ideen waren fast den gesamten deutschen Arbeitern eine gänzlich fremde Welt. Der Weitlingsche Kommunismus zählte in den großen Städten nur einzelne versprengte Anhänger, die aber bei den herrschenden Zuständen alle Ursache hatten, ihre Anschauungen zu verbergen. Der Kommunistenbund, die Tätigkeit eines Marx und Engels ... waren den deutschen Arbeitern, bis auf eine Zahl, die man an den Fingern abzählen konnte, ebenfalls fremd. Zwischen den Vorgängen und Ereignissen Ende der vierziger Jahre und dem Anfang der sechziger Jahre bestand für die jüngere Arbeiterwelt eine Kluft, als läge ein Jahrhundert dazwischen. So weltfremd und weltenfern war der sehr großen Mehrheit jene Zeit.«

Es wäre unrecht, über jene Fortschrittsmänner, die sich um die Arbeitervereine kümmerten, schlecht zu reden. Es lag viel Idealismus in der Arbeit am Volk, der sich diese Männer des liberalen Bürgertums widmeten, »und prächtige Gestalten treten vor unser Auge, wenn wir die Geschichte des Vereinstages deutscher Arbeitervereine durchblättern: Männer wie Schulze-Delitzsch, die ein warmes Herz für die Arbeiter haben und denen es Lebensbedürfnis ist, ihnen in ihrer Art zu helfen. In ihrer Art! Das eben war's. Die Arbeiter blieben doch nur die ›großen Kinder‹ – nicht aber Staatsbürger gleichen Rechtes, die mit Forderungen an Gesetzgebung und Verwaltung hätten herantreten dürfen ... Wie man Kinder in den Kindergarten führt, so dachte man sich's auch hier.« (Harms)

Wohl wollte man dem Arbeiter helfen, aber in der Absicht, so den selbstlosen Chor und Resonanzboden für die eigenen Bestrebungen zu bekommen. Der Arbeiter sollte zu tätiger Selbsthilfe im Privatleben und Beruf erzogen werden, keineswegs aber sollte ihm zugestanden sein, die Fragen seines wirtschaftlichen Fortkommens mit den Fragen der hohen Politik zu vermengen oder sich gar für den Gedanken zu erwärmen, daß sich der Staat seiner Lage anzunehmen habe. Außerdem fürchtete man den Verstoß gegen das Dogma des in Wirtschaftsfragen neutralen Staates, den Verstoß gegen die Lehre der manchesterlichen Freihandelsschule, daß allen individuellen Kräften des Wirtschaftslebens eine ungehinderte freie Bewegung und Bestätigung nach allen Richtungen zukomme, und daß dabei jeder Eingriff des Staates nur von Übel sei.

Gerade dieses fürsorgliche Denken war es, was Lassalle Gift für die Emanzipation der Arbeiterklasse schien. Er wollte nicht, daß die Arbeiter als gut behandelte Mündel wohlmeinender Vormünder leben sollten. Sie sollten als mündige Menschen durch Teilhabe am Staat ihre Lebensordnungen frei bestimmen und frei verantworten können. Nicht Wohlfahrt, sondern Selbstbestimmung des Arbeiters war das eigentliche Ziel – auch wenn es mit Opfern verbunden sein sollte; auch wenn die materielle Lage der Unmündigen besser sein sollte als die der Freien! Von der gegenwärtigen Gesellschaft dachte er nicht höher als Karl Marx. Auch diesem war die Emanzipation des Proletariats nicht ökonomischer Selbstzweck. Das Proletariat stand ihm für die Menschheit selbst: Im Zustande des Proletariats zeige sich, in welchem Maße die Welt aus den Fugen gegangen sei! Und was Lassalle anlangt, so hatte er nichts gegen die Feststellung des theoretisch schärfer denkenden Freundes, daß das Proletariat keine Klasse der bürgerlichen Gesellschaft sei; daß die Lebensordnungen der bürgerlichen Gesellschaft erschüttert worden seien durch die Bildung eines Standes, der die Auflösung aller Stände ist; dieser besitze einen universellen Charakter durch seine universellen Leiden und nehme daher kein besonderes Recht mehr in Anspruch, weil kein besonderes Unrecht, sondern das Unrecht schlechthin an ihm verübt wird. »Weil die Abstraktion von aller Menschlichkeit, selbst von dem Schein der Menschlichkeit, ausgebildet im Proletariat, praktisch vollendet ist, weil in den Lebensbedingungen des Proletariats alle Lebensbedingungen der heutigen Gesellschaft in ihrer unmenschlichen Spitze zusammengefaßt sind, weil der Mensch in ihm selbst sich verloren, aber zugleich nicht nur das theoretische Bewußtsein dieses Verlustes gewonnen hat, sondern auch unmittelbar durch die nicht mehr abzuweisende, nicht mehr zu beschönigende absolut gebieterische Not, den praktischen Ausdruck der Notwendigkeit, zur Empörung gegen diese Unmenschlichkeit gezwungen ist, darum kann und muß das Proletariat sich selber befreien; es kann sich aber nicht selbst befreien, ohne seine eigenen Lebensbedingungen aufzuheben; es kann seine eigenen Lebensbedingungen nicht aufheben, ohne alle unmenschlichen Lebensbedingungen der heutigen Gesellschaft, die sich in seiner Situation zusammenfassen, aufzuheben.« So Marx. Was hätte Lassalle, der ebenso dachte, sich von einem Zusammengehen mit den Fortschrittsmännern versprechen können?

Hält man sich das politische Übergewicht der Fortschrittspartei und ihren mächtigen, damals von keiner Seite ernsthaft gefährdeten Einfluß auf die wenigen, schon politisch interessierten Kreise der deutschen Arbeiterschaft zu Anfang der sechziger Jahre vor Augen, so kann man nicht bezweifeln, daß damals Lassalle in seiner Frontrichtung gegen die Fortschrittspartei das Richtige traf. Hätte damals Lassalle seinen Arbeiterverein zum Bundesgenossen der Fortschrittspartei gemacht, und wäre er den Weg der wenigen schon bestehenden Arbeitervereine gegangen, dann hätte die Entwicklung in Deutschland leicht den englischen Lauf nehmen können, wo die große Chartistische Partei aus den dreißiger und vierziger Jahren zu Ende der fünfziger Jahre trostlos verkümmerte und es bis zum Schluß des Jahrhunderts dauerte, bis eine politische Arbeiterpartei zustande kam. Das eine, was nottat, war, daß sich der Arbeiterstand als selbständige politische Partei konstituierte, bereit, die politische Bevormundung durch das Bürgertum abzuschütteln und sich seine eigenen Ziele zu setzen. Wenn der bisher im Schlepptau der Bourgeoisie einhergehende vierte Stand zur Entfaltung seiner Kräfte kommen sollte, konnte man sich nicht mit der Bourgeoisie einlassen, mußte man sich hüten, mit ihrer »Vermittlungshalbheit« zu paktieren. Noch 1862 hatte Lassalle ein Zusammengehen mit der Fortschrittspartei versucht, in der Hoffnung, diese würde sich nochmals zu einer kraftvollen Opposition aufraffen und den Kampf um die demokratischen Forderungen von 1848 wieder aufnehmen, also insbesondere die Forderung nach dem allgemeinen Wahlrecht wieder auf ihre Fahnen schreiben. Aber die liberale Bourgeoisie dachte gar nicht daran, für eine Erweiterung der politischen Grundrechte zugunsten der nachdrängenden sozialen Schichten zu kämpfen. Sie hatte sich mit der oktroyierten Verfassung und dem beschränkten Wahlrecht abgefunden und war der Meinung, daß dieses vollauf genüge, um *ihren* politischen Einfluß auszudehnen und zu sichern. So sagte sich Lassalle von der Fortschrittspartei los und brandmarkte das Verhalten der Bourgeoisie nach dem Eintritt der neuen Ära als »Bundesgenossenverrat«. Aus dem großen Kampfe wollte sie sich, wie es Lassalles Biograph, Ducken, ausdrückt, »mit ihrer speziellen Beute, einer bürgerlichen Verfassung für sich allein zurückziehen, während das Volk bleiben sollte, wo es war.« Illegale Usurpatorenhaufen nannte deshalb auch Lassalle die preußischen Kammern, »welche um den Preis der Rechte des Volkes den Sonderfrieden der Bourgeoisie mit der Regierung abschließen wollten und erst jetzt wieder nach dem Volke schielen, wo sie mit der Regierung über den Anteil an der Beute in Streit geraten sind.«

Tiefer und tiefer mußte bei dieser Polemik die Kluft zur Fortschrittspartei werden, zumal als sich zeigte, daß auch die fortschrittlichen Presseorgane in ihrem Kampf gegen Lassalle in der Agitation keineswegs zimperlich waren und sich sogar nicht scheuten, Lassalle als angeblichen Regierungsspitzel bei der Arbeiterschaft zu diffamieren. Eine entgegengesetzte Auffassung von der Rolle des Staates tat das ihre, um jede Verständigung unmöglich zu machen. Der Manchester-Liberalismus der Fortschrittspartei wollte dem

Staat auch nicht die geringste führende und autonome Rolle zuerkennen. Er hatte sich von ihm ein Nachtwächterbild zurechtgemacht: der Staat sollte sich selber nur unter dem Bilde eines Nachtwächters denken können, dessen ganze Funktion darin besteht, Raub und Einbruch zu verhüten. Lassalle dachte aber unvergleichlich höher vom Staat. Er sah in ihm den kulturellen Ewigkeitsgehalt der einzelnen Nationen zum vollen Ausdruck gelangen, und er galt ihm daher als »das eigentliche und letzte Kriterium, an dem sich der wirkliche Wert der Entwicklung eines Volkes mißt.«

Da also die Trennung von der Fortschrittspartei unvermeidlich war, konnte Lassalle die komplizierte Bündnistaktik nicht akzeptieren, die Marx und Engels im englischen Exil ausgeheckt hatten. Ein komplizierter Zweifrontenkrieg hätte Lassalles kleinen Arbeiterverein nur allzu leicht zerrieben, der sich anschickte, gerade die ersten Regungen eines selbständigen politischen Klassenbewußtseins in den noch unorganisierten proletarischen Gruppen der Gesellschaft zu wecken. Obendrein hätten die wenigen Arbeiter, die jetzt schon bereit waren, sich von der Fortschrittspartei zu trennen, ein solches zweischneidiges Taktieren, wie es Marx und Engels für richtig hielten, kaum verstanden. Lassalle wußte dies nur zu gut, und er war sich darüber im klaren, daß gerade ihres Mangels an Bildung wegen die Massen nicht mit diplomatischen Künsteleien politisiert werden können. In einem Aufsatz zu seinem Sickingen-Drama hat er dies sehr klar ausgesprochen, wenn er es dort einen scheinbaren Triumph übergreifender realistischer Klugheit seitens der Revolutionsführer nannte, »mit den gegebenen endlichen Mitteln zu rechnen, die wahren und letzten Zwecke der Bewegung andern (und beiläufig eben dadurch häufig sogar sich selbst) geheim zu halten und durch diese beabsichtigte Täuschung der herrschenden Klassen, ja durch die Benützung dieser, die Möglichkeit zur Organisation der neuen Kräfte zu gewinnen, um so durch dies klug erlangte Stück Wirklichkeit die Wirklichkeit selbst dann zu besiegen«. Es sei dies nur ein scheinbarer Triumph, meinte er, denn zumeist werde er an der Realität zuschanden; gerade jene Revolutionen seien alle gescheitert, die sich auf diese Klugheit verlegt hätten. »Darum können revolutionäre Zwecke nicht durch diplomatische Mittel erreicht werden.« Dies schließe schon der Instinkt der Massen aus, der in den Revolutionen in aller Regel so viel richtiger sich erwiesen habe als die »kluge Einsicht« der Führer.

»Die Massen aber, eben wegen ihrer sogenannten ›Roheit‹, wegen ihres Mangels an Bildung, haben keinen Sinn für Vermittlungen, interessieren sich nur – denn jeder rohe Verstand ist extrem, kennt nur ein Ja und ein Nein und keine Mitte zwischen beiden – für das Extreme, Ganze, Unmittelbare. Es muß also zuletzt kommen, daß solche Revolutionsrechner, statt die getäuschten Feinde nicht vor sich und die Freunde hinter sich zu haben, zuletzt umgekehrt die Feinde vor sich und Anhänger ihres Prinzips nicht hinter sich haben. Der scheinbar höchste Verstand hat sich so in der Tat als höchster Unverstand erwiesen … Daher kommt es, daß z. B. in der französischen Revolution (und in der englischen ist es analog gewesen) die abstrakten Idealisten, die Jakobiner, das damals Mögliche und reell zu Geschehende besser trafen, als die mit ihrer Bildung, realistischem Blick und staatsmännischer Klugheit sich brüstenden Girondins, die deshalb vom Volk in seinem Haß gegen diese Staatsklugheit den sonderbaren Schimpfnamen ›les hommes d'État‹ bekamen.«

Lassalle wollte die Politisierung der Massen nicht durch Finassieren in Gang bringen. Darum entschloß er sich, den Arbeitern »etwas Praktisch-Greifbares« vor Augen zu stellen, das außerhalb allen Hintersinnes in seiner Stoßrichtung begriffen werden konnte und sie damit zur Aktion aufruft und fähig macht. Dafür erschienen ihm zwei politische Forderungen als besonders geeignet, erstens das allgemeine Wahlrecht, über das er in einem Brief an Rodbertus schreibt, daß es so zu unseren sozialen Forderungen gehöre wie der Stiel zu der Axt, und zweitens die Bildung von Produktivgenossenschaften mit Staatshilfe. Er glaubte, daß damit der Arbeiter zum Unternehmer werden und das »eherne Lohngesetz« außer Kraft setzen könne, das in der kapitalistischen Gesellschaft die Lohnhöhe limitiert.

Die Forderung nach dem allgemeinen Wahlrecht war Lassalle die eigentlich politische Forderung, die sich den Hirnen der Arbeiter heute schon einhämmern ließe; die zweite Forderung dagegen war die speziell sozialpolitische, und beide verhielten sich zueinander wie Mittel zum Zweck. Als letztes Endziel seiner Bewegung schwebte natürlich auch Lassalle eine tiefgreifende, die Klassenstruktur aufhebende Umgestaltung der Gesellschaft vor. Die geschichtliche Aufgabe seiner Epoche sah er darin, das Prinzip des vierten Standes zum herrschenden Prinzip der Gesellschaft zu erheben und alle ihre Einrichtungen mit diesem Prinzip zu durchdringen. Doch welche sozialen Maßregeln dabei einmal zu ergreifen sein würden, ließe sich heute noch keineswegs mit Bestimmtheit sagen, und dementsprechend sah er selbst seine Produktivassoziationen, die den Arbeiter zum Unternehmer machen sollten, als eine noch durchaus offene Frage an. Sein Vorschlag hatte letztlich nur die Bedeutung einer vorläufigen, keineswegs endgültigen Vergegenwärtigung dessen, was eines Tages praktisch in Angriff genommen werden muß. Deshalb konnte er in einem Brief an Rodbertus durchaus schreiben: »Nur weil die arbeitenden Klassen – nicht mit Unrecht – gern irgendein Wie und Wo sehen, habe ich die Assoziation mit Staatsmitteln vorgeschlagen.« Und in einem weiteren Brief heißt es: »Von einer ›Lösung‹ der ›sozialen Frage‹ zu sprechen, hätte mein Gewissen als Theoretiker bei dem Assoziationsvorschlag nicht geduldet. Allein hier handelt es sich ja nur um eine praktische Übergangsmaßregel, nicht um eine theoretische, prinzipielle, endgültige Lösung, die Sie selbst sogar erst in 500 Jahren erwarten ... Während ich also einerseits die Assoziation als Übergangsregel – und Sie geben ja selbst zu und heben am meisten hervor, daß Sie den definitiven Zustand, den Sie erst in 500 Jahren erwarten, unmöglich d'un seul coup herbeiführen können – nicht sehe, was freilich durchaus nicht ausschließt, daß Sie eine solche und noch bessere ausspintisiert haben. In diesem Falle werde ich mich derselben mit Leidenschaft anschließen. Vorläufig begreifen Sie, daß ich den Leuten von etwas Praktisch-Greifbarem sprechen muß.«

Diese Briefstelle zeigt deutlich, daß für Lassalle selbst seine Produktivassoziationen ein Vorschlag waren, über den sich durchaus diskutieren ließ; nicht zu diskutieren dagegen war für ihn über die Forderungen des allgemeinen Wahlrechts, da ihm ohne dieses selbst der bescheidenste soziale Eingriff nicht erreichbar schien. »Ohne das allgemeine Wahlrecht, also eine praktische Handhabe, unsere Forderungen zu verwirklichen, können wir sein eine philosophische Schule oder auch eine religiöse Sekte, aber niemals eine politische Partei.«

Anstatt sich schon über die erst in ferner Zukunft zu ergreifenden sozialen Maßregeln den Kopf zu zerbrechen, kam es Lassalle zunächst einmal darauf an, den Arbeitern etwas Greifbares vorzuschlagen, wovon man annehmen möchte, daß es schon heute ihr Interesse findet. Es mußte eine Forderung gefunden werden, die sich in einer knappen, eindeutigen, allgemeinverständlichen Form zusammenfassen ließ und, in die Masse geworfen, einen solchen Ruck hervorbringen mußte, daß diese in eine immer weiter anschwellende Bewegung kam. Die Forderung nach dem allgemeinen Wahlrecht sollte diese Lawinenwirkung auslösen. Lassalle ließ sich dabei nicht von dem schlechten Beispiel abschrecken, das zuvor Frankreich im Gebrauch des allgemeinen Wahlrechts geliefert hatte, indem dort über dieses Mittel der Bonapartismus zur Herrschaft gekommen war.

Freilich hielt er das allgemeine Wahlrecht nicht für eine Wünschelrute, wie manche Februarrevolutionäre es getan hatten. Er versprach sich von ihm auch nicht einen sofort sichtbaren, durchschlagenden Erfolg. Aber er vertraute fest darauf, daß mit der Zeit das allgemeine Wahlrecht seine Früchte tragen werde – wenn erst die Belehrung und Aufklärung unter den Arbeitern weiter fortgeschritten seien. »Man hat gesagt, das allgemeine Wahlrecht ist doch keine Wünschelrute. Gewiß nicht! ... Es ist vollständig möglich, daß Sie beim allgemeinen Wahlrecht ein- und zwei- und dreimal schlecht wählen. Gründet man aber eine solche Institution für die zwei oder drei Jahre? Das allgemeine Wahlrecht belehrt durch seinen Gebrauch; und überdies, daß Ihnen dann diese Belehrung kommen wird, das ist nicht zu bezweifeln; denn bei Ihnen ist das Interesse die Mutter der Einsicht, und das Interesse ist eine fruchtbare Mutter.«

Aus dieser Einsicht konzentrierte Lassalle seine ganze Agitation auf die Wahlrechtsfrage und glaubte hiermit das Banner aufgepflanzt zu haben, um das sich die unorganisierten Massen der Gesellschaft mit der Zeit sammeln würden, die er den organisierten Kräften der herrschenden Klassen entgegenstellen wollte. Die Geschichte bestätigte Lassalles Erwartung. In der Tat erwiesen sich das allgemeine Wahlrecht und die sich daran entwickelnde Struktur der politischen Parteien als der wirksamste Katalysator für die politische Integration der Arbeiterschaft. 1912 vermochte die Sozialdemokratische Partei im Bismarckschen Reichstag – bei einem schlechten Wahlrecht – 112 Mandate gewinnen.

In ihrem späteren Kampf gegen den »Lassalle-Mythos« haben sich Marx und Engels nicht so sehr gegen die Forderung des allgemeinen Wahlrechts gewendet (sie erklärten dies vielmehr ebenfalls zur unabdingbaren Forderung jeder politischen Arbeiterbewegung) als gegen Lassalles ökonomische Vorstellungen, insbesondere gegen seine Ansicht, daß es der *preußische* Staat sein sollte, der bei der Entwicklung der Produktivgenossenschaften die entscheidenden Geburtshelferdienste zu leisten habe. Dem allgemeinen Wahlrecht bescheinigte später Engels in seinem »politischen Testament«, der Einleitung zu Marx' »Klassenkämpfen in Frankreich«, daß die Sozialisten unter ihm »pralle Muskeln und rote Backen« bekämen; den Vorschlag der Produktivassoziationen dagegen brandmarkten Marx und Engels als Staatssozialismus und machten sich über die Lassallesche »Kinderfibel« lustig, auf ein »unmittelbar sozialistisches Eingreifen« des Staates Preußen zu rechnen. »In der Tat zu unwissend über die wirklichen ökonomischen Bedingungen, um sich selbst gegenüber kritisch wahr zu sein« – das war in dieser Hinsicht Marx' hartes Urteil über seinen Antipoden Lassalle (Brief an Kugelmann vom 23.2.1865).

Indem Lassalle Staatshilfe gegen Selbsthilfe stellte, machte er – das war in diesem Zusammenhang vor allem der Vorwurf von Marx – seinen persönlichen Ausgangspunkt zum Zentralpunkt seiner Agitation. Der »Staat« verwandelte sich in den preußischen Staat; Konzessionen an das preußische Königtum wurden unvermeidlich. Nun war es gewiß für einen Theoretiker wie Marx eine Leichtigkeit, Lassalles Assoziationsvorschlag zu zerpflücken, und noch leichter ließ sich zeigen, daß im Rahmen des damaligen preußischen Staates wie des späteren Bismarckreiches solche Produktivassoziationen in der Tat auch politisch Unsinn waren. Aber Lassalle hatte ja selbst seinen Vorschlag der Produktivassoziationen als einen schwebenden Vorschlag verstanden wissen wollen, und er hat dabei, so sehr er ein Eingehen Bismarcks auf seine Vorstellungen überschätzt haben mag, ja auch keineswegs an den bestehenden preußischen, auf dem Dreiklassenwahlrecht beruhenden Staat gedacht. »Habe ich Euch denn auf den gegenwärtigen Staat, auf den Polizeistaat hingewiesen? Ich habe Euch für diese Hilfe hingewiesen auf den zukünftigen, unter die Herrschaft des allgemeinen und direkten Wahlrechts gestellten Staat!« (Berliner Ansprache)

Mochte sich Lassalle auch in der Öffentlichkeit mit aller Energie für den Gedanken der Produktivassoziationen durch Staatshilfe einsetzen, im Rahmen seiner Theorie hatte dieser Gedanke für ihn nur die Bedeutung eines Einfalls, einer aus agitatorischen Bedürfnissen geborenen Improvisation. Was ihm daran wichtig erschien, war allein das Prinzip der Staatsintervention, und dieses Prinzip – der eigentliche Kern seines Assoziationsvorschlags – läßt sich nun keineswegs als »ökonomische Kinderfibel« abtun, wie es noch zu Mitte des vorigen Jahrhunderts gerechtfertigt erscheinen mochte. Es war vielmehr die realistische Antizipation des Weges, den die Entwickung nachträglich dann wirklich ging. Wir wissen heute, daß sie in ganz anderen Bahnen verlief, als sie Marx voraussagte, daß insbesondere der Staat auch ohne Diktatur des Proletariats zu einem Instrument für die Beförderung der Emanzipation der Arbeiterklasse und zum Umverteiler des Sozialprodukts werden konnte. So behielt Lassalle auch in den entscheidenden ökonomischen Fragen letztlich gegenüber Marx recht.

Aber nicht in der ökonomischen Divergenz liegt die letzte Differenz zwischen Marx und Lassalle; diese ist vielmehr nur Symptom, Oberflächenerscheinung tiefergehender Gegensätze. Diese gründen letztlich in der diametral entgegengesetzten Auffassung beider von der Rolle des Staates gegenüber Wirtschaft und Gesellschaft. Man kennt Marxens Entwicklung zu einer materialistischen Auffassung der geschichtlichen Dialektik, bei der die Hegelsche Staatsidee das erste große Objekt seiner Kritik war. In konsequenter Fortführung dieser Kritik sah er später im Staat nur noch ein Produkt der gesellschaftlichen Verhältnisse, das mit der Aufhebung der Klassenspaltung, die heute noch die Gesellschaft teilt, vergehen wird.

Auch Lassalle wußte, daß der bisherige Staat ein Klassenstaat war; aber er ist immer Hegelianer genug geblieben, um im Staate – so unwürdig auch seine gegenwärtige reale Erscheinungsform sein mochte – die Objektivation jener sittlichen Kräfte zu erblicken, durch welche die Geschichte allein eine Geschichte der Freiheit und mündiger Subjekte wird. Auch für ihn bedeutete der Klassenstaat in der Geschichte einen Abstieg gegenüber dem vom moralischen Bewußtsein erreichten Stand. Aber er sah mit dieser Perversion die geschichtliche Berechtigung des Staates selbst nicht in Frage gestellt. Marx hatte den Staat durchgängig zum Herrschaftsinstrument der besitzenden Klassen erklärt, darum mußte für ihn mit dem Hingang der Klassen die Entwicklung konsequent auch auf das »Absterben« des Staates gehen. Lassalle dagegen erwartete vom Abbau des Klassencharakters des Staates keineswegs dessen »Absterben« oder Aufhebung; vielmehr werde erst dann die Zeit kommen, wo der Staat seine Zweckbestimmung wahrhaft im Sinne seiner zivilisatorischen Idee realisieren wird. Immer wieder hat Lassalle den Arbeitern diese Erwartung eines beispiellosen, die »Zeit erfüllenden« Aufschwungs des Staates vor Augen gestellt, wenn er zu ihnen von der Staatsintervention und deren in alle sozialen Verhältnisse eingreifenden Folgen sprach, ja er ging dabei so weit, die Staatsintervention zugunsten der arbeitenden Klassen die »eigentliche sittliche Natur« des Staates zu nennen. Diese sittliche Idee sei deshalb schon »zu allen Zeiten durch den Zwang der Dinge, auch ohne den Willen des Staates, *unbewußt* und oft gegen den Willen seiner Leiter mehr oder weniger ausgeführt« worden. Der Ton liegt auf »unbewußt«. Denn daß der Staat künftig bewußt vollbringen werde, was er bisher nur unbewußt durch den Zwang der Umstände besorgte, bedeutet den eigentlichen Wandel des Staates, den Lassalle von der Heraufkunft der Demokratie und des Sozialismus erwartet. »Ein Staat, welcher unter die Herrschaft der Idee des Arbeiterstandes gesetzt wird, würde nicht mehr, wie freilich auch alle Staaten bisher schon getan, durch die Natur der Dinge und den Zwang der Umstände unbewußt und oft sogar widerwillig getrieben, sondern er würde mit höchster Klarheit und völligem Bewußtsein diese sittliche Natur des Staates zu seiner Aufgabe machen. Er würde mit freier Lust und vollkommenster Konsequenz vollbringen, was bisher nur stückweise in den dürftigsten Umrissen dem widerstrebenden Willen abgerungen worden ist, und er würde somit *eben hierdurch* notwendig einen Aufschwung des Geistes, die Entwicklung einer Summe von Glück, Bildung, Wohlsein und Freiheit herbeiführen, wie sie ohne Beispiel dastehen in der Weltgeschichte und gegen welche selbst die gerühmtesten Zustände in früheren Zeiten in ein verblassendes Schattenbild zurücktreten. – Dies ist es, meine Herren, was die Staatsidee des Arbeiterstandes genannt werden muß ...«

Immer wieder stimmt Lassalle dieses Preislied auf den Staat an; immer wieder feiert er ihn als das »uralte Vestafeuer aller Zivilisation«, nennt er ihn die Einrichtung, darin erst die ganze Tugend der Menschheit sich verwirklichen soll. Dieser Dithyrambus ist gewiß auch ein Stück 19. Jahrhundert und uns heute so fern wie vieles aus dieser Zeit. Aber hat sich dieses frühe sozialistische »Ja« zum demokratischen Staat nicht in der Entwicklung als eine nützliche Gegenhygiene gegenüber der marxistischen Relativierung und moralischen Entwertung des Staates erwiesen? War es nicht eine der Ursachen, daß sich die Sozialdemokratie, nachdem sie die Phase der Klassenopposition hinter sich gelassen hat, nicht mehr quer gegen den Staat stellte, sondern in den Staat hineinging und dort ihren angemessenen Platz fand?

# KURT SCHUMACHER ALS REDNER

Es war an einem Sommerabend der mittleren zwanziger Jahre auf einer Kundgebung der Sozialistischen Studentengruppe zu Tübingen, als ich Kurt Schumacher zum erstenmal reden hörte. Niemand von uns Jungen wußte so recht, wer denn dieser Mann eigentlich sei. Seine Artikel in der »Schwäbischen Tagwacht« hatten wir nicht gelesen, denn wir lasen nicht das Parteiblatt, sondern die »Frankfurter Zeitung«. Wir waren darum nicht mehr gespannt als sonst bei den spärlichen Kundgebungen, die wir uns in dieser, dem Hochschulring deutscher Art unterworfenen Studentenstadt leisten konnten. Die Frage: Wird es eine Saalschlacht geben? – wir hatten uns kurz vorher anläßlich der Versuche, einen Vortrag des Heidelberger Privatdozenten Dr. Gumbel zu sprengen, recht wacker geschlagen – beschäftigte uns mehr als die nach dem Redner.

Das wurde anders, als Kurt Schumacher eintraf. Ich sehe ihn noch, wie er uns musterte, als wir ihn an der Türe empfingen, und dann, ohne ein Wort zu verlieren, die armlose Schulter vorschiebend, in den Saal hineinschritt und auf einem Stuhl neben dem Rednerpult Platz nahm. Dieser Mann war anders als die Redner, die sonst zu uns gekommen waren! Nun musterte er das Publikum, wie er uns vorher gemustert hatte; sein Blick ging langsam von links nach rechts, von einer Grenze des Raumes zur andern, und ich war plötzlich ganz sicher, daß er jedes einzelne Gesicht in seiner Besonderheit gesehen hatte; das war kein witterndes Abtasten einer namenlosen Masse, das war eine »Besichtigung« … Der Saal war recht unruhig, und es lag etwas Provokatorisches in der Luft; einigen der unerfahrenen Studenten am Vorstandstisch war nicht recht wohl. Kurt Schumacher trat an das Pult. Spärlicher Beifall begrüßte ihn, kaum stark genug, das aggressive Gemurmel derer zu übertönen, die nicht klatschten. Er stand da, schweigend, mit der Linken den aufgebördelten Rand des Pultes umfassend. Plötzlich schnellte diese Hand vor, als zuckte eine Degenklinge nach einem Herzen. Ich sehe sie noch vor mir, diese Hand, deren schmale Finger so dicht aneinanderlagen, daß man an eine geschmiedete Waffe denken mochte; diese Hand, in der mit einem Male die ganze Herzkraft eines Mannes verdichtet schien, der bereit ist, je und je auf Tod und Leben zu fechten. Und mit dem Vorschnellen dieser Hand kam der erste Satz – mir ist, als klinge er mir noch in den Ohren –, der Satz: »Die Möglichkeiten der Demokratie in einem Volke sind proportional zu dem Maße der Selbstachtung, die dieses Volk für sich aufbringt und zu verteidigen bereit ist.« Im Saale war es still geworden, und es blieb still bis zum Ende.

Ich sehe ein anderes Bild vor mir: Der Zweite Weltkrieg ist vorüber; die Konzentrationslager haben der Menschheit zurückgegeben, was ihre Foltern überstanden hatte. Überall in Deutschland haben sich die Ortsvereine der SPD neu gebildet; die Landesbezirke organisieren sich innerhalb der Schlagbäume der Zonengrenzen. Diese Grenzen sind so dicht – insbesondere die der französischen Zone –, daß man kaum voneinander weiß. Aber eines wissen alle: In Hannover sitzt einer, der in sich die Einheit der Partei verkörpert, und dieser Mann wird nach Stuttgart kommen und dort reden, und er heißt Kurt Schumacher, und zehn

Jahre Konzentrationslager haben ihn nicht zu brechen vermocht!

Auch diese Stunde im Straßenbahnerheim zu Stuttgart werde ich in meinem Leben nicht vergessen können. Wie sah dieser Mann aus: fast nur Haut und Knochen, ein Schmerzensantlitz; aber welche Kraft ging von dieser Stirne aus und welche Gewißheit strahlte aus diesen Augen! Und diese Kraft und diese Gewißheit gingen in seine Worte über und gingen mit seinen Worten in alle jene ein, die ihn hörten. Nach dieser Rede gab es kein Zwielicht mehr in dem Raum, gab es kein »Beinahe« und kein »Ungefähr« mehr in den Vorstellungen derer, die ihn gehört hatten. Mit dieser Rede war eine Linie gezogen, vor der sich jeder zu entscheiden hatte und klar entscheiden konnte, auf welche Seite er gehören wollte: auf die Seite der Freiheit oder auf die Seite der Knechtschaft. Und jeder wußte nach dieser Rede auch, daß, wer die Freiheit will, auch ihre Voraussetzungen wollen muß, nämlich eine Staats- und Gesellschaftsordnung, die es den Menschen erlaubt, im Bewußtsein zu leben, national und international nicht Objekt, sondern Subjekt ihrer Lebensordnungen zu sein.

Das war der gleiche Kurt Schumacher wie seinerzeit in Tübingen. Das Pathos der Situation aber und die Unerbittlichkeit des Dilemmas, vor dem das deutsche Volk und darüber hinaus die Welt standen, hatten ihn noch mehr zu dem werden lassen, was er seiner Bestimmung nach war: zum Erheller des zwielichtigen Dunkels, in das dieses Volk geworfen war; zu dem Mann, dessen beispielhaftes und stellvertretendes Leben diesem Volk erlaubte, trotz allem Bösen von innen und außen noch und wieder Selbstgefühl zu haben; zum Fahnenträger im Kampf gegen die gleich bösen

Betäubungsgifte des Nationalismus und die Kapitulation vor dem, was keinen anderen Rechtstitel hat als die größere faktische Macht; zum Ordner und Former der vielschichtigen und oft gegenläufigen Impulse derer, die guten Willens sind, ohne die Kraft zu haben, diesen guten Willen in ein politisches Wollen umzusetzen; zum Wächter an dem Grat, an dem Wahrheit und Illusion, Wirklichkeit und Fiktion, das Gültige und das Surrogat sich versucherisch berühren und wo die konkrete Entscheidung für die Forderung des Tages Gefahr läuft, sich und von dem für wahr erkannten Allgemeinen zu scheiden.

Wenn Kurt Schumacher im Bundestag sprach, verwandelte sich der große Saal am Rhein. Nicht nur, daß sich alle Bänke und Tribünen füllten, nicht nur, daß alle an den Lippen dieses Mannes hingen, dessen zerschundener und zerschlagener Körper nur mehr da zu sein schien, um die Flamme seines Geistes und seines Herzens zu tragen: das Klima des Saales selbst war urplötzlich verwandelt. Oft wohl haben sich die Herbeigeströmten und Aufmerksamgewordenen über den eigentlichen Grund ihrer gesteigerten Anteilnahme getäuscht. Sie wähnten, gekommen zu sein, um sich an den berühmten »Formulierungen« Kurt Schumachers zu ergötzen oder einige seiner sogenannten Bonmots in ihren Zitatenschatz aufzunehmen. In Wirklichkeit kamen sie aber, weil sie spürten, daß es mit dieser Rede wieder einmal – es geschah im Bundestag nicht allzu häufig – um ein Ja und Nein von Ausmaß und Schicksalsbedeutung ging.

Das war das Charakteristische des Auftretens Kurt Schumachers im Parlament und das Bestimmende der Reden, die er dort gehalten hatte. Andere mögen es ihm im eigentlich Rhetorischen gleichgetan haben; andere mögen die Probleme so klar dargestellt haben, wie er es konnte; keiner der Männer, die je im Bundestag das Wort ergriffen haben, hat mit dem, was er sagte, und mit der Art, wie er es sagte, die Zuhörer so gezwungen, Stellung zu nehmen und sich zu entscheiden, wie er. Seine Reden brachten nicht bloß Gegensätzliches zum Ausdruck, sie bildeten Fronten und zwangen zum Austrag. Das gab allen Sitzungen, in denen er sprach, den kämpferischen Charakter. Und manchen, die guten Willens glauben, es wäre ein wenig mehr Versöhnlichkeit für die Wirkung besser gewesen, möchte ich zurufen: Seid doch diesem Manne dankbar, daß er das Parlament zu dem gemacht hat, was es sein muß, nämlich zu einem Kampfplatz, und daß er durch seinen unerbittlichen Hinweis auf das Für und Wider, durch die gnadenlose Kennzeichnung der Voraussetzungen und Folgen der einen oder anderen Stellungnahme die Abgeordneten und mit ihnen die öffentliche Meinung in Deutschland gezwungen hat, zu kämpfen! Kampf sei auch ein Wesenselement der Demokratie, bemerkte er gelegentlich; um sein Recht und um die Wahrheit zu kämpfen, gehöre zur Selbstachtung, und das Schlimmste sei auf die Dauer, Konflikte verschimmeln und verfaulen zu lassen.

Mit dieser Art hat Kurt Schumacher in der allgemeinen Geschichte des Stiles der parlamentarischen Rede ein deutsches Kapitel geschrieben, das unserem Lande zur Ehre gereicht. Er gehört durchaus in die Reihe der großen Parlamentsredner – obwohl er kaum etwas mit den großen Rednern gemein hatte –, an denen kleinere, die meinen, das Gegenwärtige könne seine Legitimation nur aus der Vergangenheit beziehen, sich gerne ein Beispiel nehmen möchten.

Wir können uns heute noch einigermaßen vorstellen,

wovon die Zaubergewalt der Reden eines Dantons, eines Gambetta ausging; Jean Jaurès mögen manche von uns noch selber gehört haben. Mit der Redekunst dieser Großen hatte die Art, wie Kurt Schumacher sprach, kaum etwas gemein. Die Perioden, die Anrufungen, die Beschwörungen, die Appelle an die Tiefenschichten des Gefühls, die Verschiebung des Gedankenganges von der Geometrie der Argumente in den Farbenreichtum der Bilder, der verschwenderische Gebrauch der Analogie und der Allegorie, der Glanz der Assoziationen, der den Hörer blendet und ihn die Fallstricke der Wirklichkeit übersehen läßt, die Register der Orgeln der fiorensischen Eloquenz – alle diese Dinge, die neben dem Handwerkszeug der erlernbaren Kunstrede die Wirkung der großen Reden in den Parlamenten romanischer Völker ausmachen, wird man in seinen Reden vergebens suchen, und wo man sie etwa finden sollte, wird man ihnen begegnen wie fremdem Gewächs im heimischen Garten. Seine Rede war auch anders als das, was wir an politischer Beredsamkeit der angelsächsischen Völker kennen. Die halb gelehrsame, halb erzählende Geruhsamkeit des Pragmatismus englischer Parlamentsreden war ihm fremd. Das akzentuierende Element seiner Rede war nicht der Humor, sondern die Satire Swiftscher Prägung. Und so sehr er auch immer darauf aus war, vom Gegenständlichen gegenständlich zu reden, so hat er sich doch nie darauf beschränkt, den Tag vom Tag her zu begreifen und verwandeln zu wollen. So verschieden Temperament, Herkunft, Bildung und historischer Ort gewesen sein mochten, ich finde noch am ehesten in einigen Reden Abraham Lincolns etwas, dem Schumacherischer Geist und Schumacherische Form verglichen werden könnten. Aber dieser Satz möge mit allen Vorbehalten gelesen werden, die historischen Vergleichen gegenüber angebracht sind, wenn es um die konkrete Person geht! Stil und politischer Ort seiner Reden haben auch wenig mit der großen deutschen parlamentarischen Tradition zu tun, weder mit dem akademischen philosophisch-historischen Stil der großen Paulskirchen-Redner noch mit der Weise der großen Sprecher der deutschen Reichstage vor und nach der Staatsumwälzung. Diese Redner sprachen zu »Kollegen«; ihre Reden sollten sich im Halbrund des Parlamentssaales auswirken; sie waren Ausdruck des Gefühls des »Unter-sich-seins«, das für die Parlamente dieser Zeit charakteristisch war.

Kurt Schumacher sprach auch im Parlament zur ganzen Nation, und auch dort, wo er Argument an Argument reihte, hat er nie nur gesprochen, um die Fachleute der Politik zu überzeugen, sondern um alle, um das ganze Volk, um das Weltgewissen aufzurütteln, das Notwendige möglich zu machen.

Kurt Schumacher war kein Rhetoriker etwa im Verstande eines artistischen Feuerwerkers der Rede. Es ist ein Irrtum, zu glauben, die Sätze seien ihm fix und fertig in den Mund geflossen. Er hat in keiner Rede etwas gesagt, das nicht als Gedanke präformiert und verantwortet gewesen wäre, ehe es ausgesprochen wurde. Das Wort kam bei ihm erst nach dem Gedanken, und seine Gedanken waren nie bloße Einfälle, sondern immer durchgerechnete Gedankenreihen.

Kurt Schumacher hat jede seiner Reden sorgfältig vorbereitet. Er ließ es nie darauf ankommen, daß ihm aus dem Stegreif das Richtige einfallen könnte. Unermüdlich machte er sich beim Lesen, bei Gesprächen mit anderen und im Selbstgespräch Notizen, und diese Notizen verarbeitete er zu Rohmaterial seiner Reden, und aus diesem Rohstoff formte er sein Manuskript. Er hatte immer ein Manuskript vor sich liegen, aber ich habe es nie erlebt, daß er abgelesen hätte. Immer sprach er über das Geschriebene hinweg, aus der Eingebung des Augenblicks heraus, aber diese Eingebung war nie freischwebend und war nie unkontrolliert: sie war gewissermaßen die Melodie auf dem Grundakkord, der auf dem Manuskript verzeichnet stand. Als ich ihn einmal fragte, warum er, dem doch alles so gegenwärtig sei, sich die Mühe der sorgfältigen Ausarbeitung eines Manuskriptes mache, das er nachher doch nicht verlese, gab er mir zur Antwort: er tue das aus Respekt vor den Menschen, die ihm zuhören wollten; denn diese hätten einen Anspruch darauf, mehr als nur das gesagt zu bekommen, was einem der Augenblick gerade zuwehe, und er tue es um der Wahrheit willen, die es nicht ertrage, daß etwas nur gesagt werde, weil es bunt schillert. In diese Gefahr komme man aber leicht, wenn man sich dem Augenblick und der Stimmung des Saales allein überlasse.

Ich habe mich oft gefragt, ob er für seine Reden ein besonderes architektonisches Prinzip benutzte, etwa gewisse Regeln der Steigerung – z. B. im Sinne des ciceronianischen fortiora, fortia, fortissima – oder der Kontrastierung, oder ob er sie auf Erfahrungssätzen der Massenpsychologie aufbaue. Ich habe nichts dergleichen feststellen können. Der einzige methodische Zwang, dem er sich bei seinen Reden unterwarf, war der vom Gegenstand und der Situation ausgeübte. So reihte er die Argumente aneinander, wie es sich aus dem Gefälle der zu behandelnden Gesichtspunkte ergab, und dieses Gefälle bestimmte ausschließlich das spezifische Gewicht, das dem jeweiligen Stoff innewohnte. Manche haben darum die Meinung geäußert, daß den Reden Kurt

Schumachers der »Aufbau« fehle und daß sie ein Durcheinander von Aperçus, Definitionen und Feststellungen darstellten, dessen einziges Gesetz der Verzicht auf logische Ordnung sei. Wer so denkt, hat übersehen, daß man Feststellungen, Argumente und Schlußfolgerungen nicht nur im Sinn des Weiterschreitens vom Allgemeinen zum Besonderen oder vom Besonderen zum Allgemeinen verknüpfen kann, sondern auch in der Art, in der der Musiker ein Thema entwickelt und kontrapunktiert. Damit, daß es schwer sein würde, eine Schumachersche Rede nach römisch Eins, arabisch Eins, A und Alpha durchzunumerieren, ist noch nicht bewiesen, daß sie ohne gefügte Ordnung sei; es ist damit nur festgestellt, daß dieses simple Schema nicht genügt, um der Vielfalt der Ordnungsprinzipien gerecht zu werden, deren Kurt Schumacher mächtig war. Er hat es immer abgelehnt, Knoten nur zu zerhauen; er hielt es für seine Pflicht, allen Windungen des Knotens der Wirklichkeit nachzugehen und Schleife um Schleife zu lösen. Er hat nie zu den Vereinfachern gehört, die Jacob Burckhardt mit Recht so fürchtete.

Mit seiner Logik hatte es eine eigene Bewandtnis. Sie suchte das Ergebnis der zu lösenden Aufgabe fast immer auf induktivem Wege. So sehr er im Tiefsten seines Wesens vom Wissen um den Grundsatzcharakter alles wesentlich Politischen erfüllt war, so ließ er sich doch nie dazu verführen, die Frage nach dem »Was ist?« vom Prinzip des »Seinsollenden« aus zu beantworten, so wenig wie er der Versuchung erlag, was in der konkreten Situation praktisch getan zu werden hatte, gleichzusetzen mit dem, was geschehen müßte, wenn es sich darum gehandelt hätte, die Idee in ihrem eigenen Bereiche rein darzustellen. Wer seine Reden aufmerksam durchliest, wird finden, daß er nie versucht hat, Feststellungen im Wege der Ableitung aus einem abstrakten oder gar apriorischen Obersatz zu treffen. Er wird aber auch finden, daß bei der Ordnung und Verknüpfung der Tatsachen und bei der Betrachtung der Konsequenzen, die sich aus gewissen Feststellungen unserer Erfahrung ergeben, nicht der platte Empirismus der »Auch-Realpolitiker« obwaltete, sondern daß dabei ein auf die Erfahrung projiziertes System von Koordinaten regiert, das einem bestimmten Bilde vom Wesen des Menschen und des rechten Gefüges der Welt entnommen ist, einem Bild, das aus einer in ihren pragmatischen Möglichkeiten an der empirisch feststellbaren Wirklichkeit »durchgerechneten« Idee »gegriffen« war.

Der Mann, der diese Reden gehalten hat, war einer sicheren Ordnung von Werten verhaftet. So wenig Kurt Schumacher je übersah, daß in der Politik das, was ist, nicht identisch ist mit dem, was wir uns als seiend wünschen möchten, so sehr war er davon überzeugt, daß jede Politik im Moralischen wurzeln müsse. Das Moralische verstand sich für ihn so sehr von selbst, daß es für ihn die zeitliche und dynamische Reihenfolge und die Intensität dessen bestimmte, was er unternahm. Und was zu geschehen hatte, war für ihn in erster Linie die Herstellung einer neuen Ordnung – einer Neuordnung im Inneren und einer Neuordnung unter den Staaten – einer Neuordnung auf Grund der Postulate der Gerechtigkeit und der Freiheit. Alles – sofern es sich nicht um Vorläufiges oder Gelegentliches handelte – mußte, wenn es seine Billigung finden sollte, so getan und geordnet werden, daß es als Prinzip einer für alle geltenden Norm hätte gelten können. Manches Nein, das er, augenblicks-opportunistisch gesehen, zu plausibel scheinenden

Lösungsversuchen sagte, hat er gesprochen, weil er tief davon durchdrungen war, daß als Fundament politischer Konstruktionen nur taugen könne, was in seiner Statistik so durchgerechnet ist, daß es auch die Belastung mit den Forderungen der Moral zu tragen vermag.

In diesem Sinn war es für ihn ein Axiom, daß im außenpolitischen wie im innenpolitischen Bereich nur auf zwei Arten gehandelt werden könne, nämlich: entweder machtmäßig – aber dann unter diesem Namen und ohne andere Ansprüche als die der Macht – oder im Sinne eines Fortschreitens auf dem Wege einer sich immer weiter und intensiver entfaltenden Gerechtigkeit. Er glaubte, man müsse es vielleicht unter gewissen Umständen ertragen, Objekt des Machtwillens anderer zu sein; es sei jedoch nicht erlaubt und auf die Dauer für die Sache immer verhängnisvoll, wenn man sich dadurch zum Komplicen des Mißbrauches mache, daß man durch die Art seines Mitwirkens bloßem Machtwillen die Möglichkeit gebe, sich als Verwirklichung eines moralischen Prinzips oder eines Menschheitsideals zu tarnen. Alle Politik fange, wie jedes verantwortliche Handeln überhaupt, damit an, daß man die Dinge bei ihrem rechten Namen nenne; und alles Verhängnis beginne mit der Liederlichkeit in der Bezeichnung dessen, was geschehe. Man hat ihm oft Schärfen seiner Worte übelgenommen; diese Schärfen stammten nicht aus einem Willen zu verletzen, sondern aus der Empörung darüber, daß es einigen zu gelingen schien, Akte der Gewalt oder der bloßen Unterwerfung unter der Flagge des Ideals segeln zu lassen.

Es war für ihn eine nie in Zweifel gezogene Gewißheit, daß die Interessen der Allgemeinheit dem Sonderinteresse der Einzelnen vorzugehen hätten, und das sowohl auf der individuellen Ebene wie auf der staatlichen. So stand ihm das Interesse Europas immer höher als das bloße nationale Sonderinteresse Deutschlands. Aber er hat sich mit aller Leidenschaft dagegen gewehrt, daß man versuchte, unter dem Namen »Europa« national-egoistische Interessen auf Kosten legitimer deutscher Interessen zu verfolgen. Verzichte seien nur zu rechtfertigen – auch vom Erfolg des Vorhabens her gesehen –, wenn sie zu gleichen Chancen und gleichen Risiken aller Beteiligten führten. Er hat hier einen geradezu staunenswerten Spürsinn entwickelt. Aber dieser Spürsinn hat ihn nie zur Monomanie geführt, und wo ein echtes europäisches Anliegen zu erkennen war, wurde er nicht müde, in seinen Reden darzutun, daß davor auch deutsche Sonderinteressen zu weichen hätten. Wer seine Reden ohne die vorgefaßte Absicht liest, überall den »Nationalisten« Kurt Schumacher zu entdecken, wird diese echte internationalistische Haltung überall finden können; er wird freilich auch finden können, daß Kurt Schumacher überzeugt war, daß der eigene und allgemeine Weg zur Internationalität nicht über die Kapitulation vor dem Nationalismus anderer führen kann, und daß echter Internationalismus die Bereitschaft zur Bejahung des nationalen Schicksals und zur Erfüllung alles dessen voraussetzt, was Gerechtigkeit und Selbstachtung von den Menschen fordern. Internationalismus sei eine Sache der Kraft und des Selbstgefühls und nicht des Defaitismus, pflegte er zu sagen.

Er verachtete zutiefst die Haltung so vieler, die große Ziele proklamieren, ohne gleichzeitig bereit zu sein, dort, wo sie selbst zu wirken vermögen, alles in ihrer Kraft Liegende zu tun, ohne das diese großen Ziele mangels eines realen Unterbaues nur Deklamationen bleiben müßten.

Daher stammt manches bittere Wort, das er über gewisse Europalyriker verloren hat. Was er übelnahm, war nicht, daß sie Europa wollten, auch nicht, daß sie Europa auf anderen Wegen zu erreichen suchten als er; was er ihnen übelnahm, war, daß sie nicht bereit waren, auf der internationalen und der nationalen Ebene die Voraussetzungen zu verwirklichen, ohne die Europa nun einmal nicht geschaffen werden kann.

Der Vorrang des allgemeinen Interesses vor den Sonderinteressen galt ihm auch im Bereich der Nation. Nichts erschien ihm natürlicher als eine gemeinsame Haltung aller politischen Parteien in außenpolitischen und innenpolitischen Schicksalsfragen. Und ich weiß, wie sehr er darunter gelitten hat, daß es die politischen Methoden seines großen Kontrahenten unmöglich machten, eine gemeinsame Außenpolitik zu treiben. Aber auch da hat er sich bis zum letzten dagegen gewehrt, daß an die Stelle der Wirklichkeit ein bloßer Schein gesetzt würde. Was von ihm verlangt wurde, war im Grunde nichts anderes, als hinter den Marschkolonnen der Bundesregierung einzuschwenken; was er verlangte, war die Beteiligung der Opposition schon an der außenpolitischen Fragestellung und am außenpolitischen Aufmarsch. Hätte man dies ehrlich zugestanden und sich bemüht, Außenpolitik von einer Grundlage aus und auf ein Ziel hin zu betreiben, die auch die Sozialdemokratische Partei hätte anerkennen können – niemand wäre glücklicher darüber gewesen, außenpolitisch in einer Reihe mit der Bundesregierung zu stehen, als er.

Diese Impulse und Reaktionen mußten naturgemäß den Stil seiner Reden bestimmen. Sie gaben ihnen das Unerbittliche, oft unversöhnlich Scheinende und Schneidende, das

– er wußte es genau – manche, auch manchen Wohlmeinenden, befremdete. Freunde haben ihm oft zugeredet, sich doch anders zu fassen; er hat den Mahnern für ihre gute Absicht gedankt – und weiter so gesprochen, wie es seine Art war, die Art eines Menschen, der zutiefst davon durchdrungen ist, daß das Vertrauen auf das Werden je und je den Mut zur klarsten Definition des Seins voraussetzt, und der weiß, daß eine Versöhnung der Gegensätze – der menschlichen und der sachlichen – nie auf der Grundlage des Verschweigens und des Verwischens, sondern nur im Auskämpfen erfolgen könne. So war das Polemische in seinem Stil nie Selbstzweck, geschweige denn Stimmung oder Laune, sondern nichts anderes denn der Ausdruck des Eifers des Moralisten, der die Ideologie entlarven und Wirklichkeit und Erscheinungsbild zur Deckung bringen will; und es war Ausdruck des Schmerzes eines unendlich leidensfähigen Menschen darüber, daß es dem Schein so oft gelingt, bei der Masse der Menschen ein Sein vorzutäuschen.

Kurt Schumacher war ein Moralist, das Wort nicht im Sinne der Moralprediger, sondern im Sinne eines La Rochefoucauld oder Lichtenberg verstanden. Er war fest davon durchdrungen, daß die Menschen, bei aller Verschiedenheit ihres persönlichen Wesens, auf Grund vergleichbarer Antriebe und mehr oder weniger identischer Selbsttäuschungen handeln, und daß jede Gegenwirkung damit beginnen müsse, daß man von der Einsicht in die Natur der Menschen und der Dinge aus in das Zwielicht dieses Dschungels hineinleuchte. Er hat dabei die eigenen Reihen so wenig geschont wie die der politischen Gegner, von denen ihm übrigens die echten Konservativen – nicht die konservativ getarnten Interessenklüngel – und die echten Liberalen – nicht die liberal getarnten Privilegienhüter – am liebsten waren. Er nahm den Konservativen nicht übel, daß sie konservativ waren – er hat es immer bedauert, daß die Alliierten 1946 nicht die Gründung einer echten konservativen Partei zugelassen hatten –, er nahm ihnen übel, daß sie konservativ zu sein nur vorgaben, indem sie egoistisch die Erhaltung vergangener Formen und Inhalte betrieben statt die Wiederbelebung der Kräfte, die einmal diese Leistungen hervorgebracht hatten, um sie so für unsere Zeit und ihre Anliegen fruchtbar zu machen. Und das gleiche gilt mit anderen Vorzeichen für sein Verhältnis zu gewissen sich liberal nennenden Gruppen. Freilich hat er die SPD immer anders gesehen als die meisten der anderen heutigen politischen Parteien in Deutschland. Sie sei die einzige Partei, die noch eines der großen Menschheitsideale um seiner selbst willen vertrete, während die anderen Parteien weitgehend zusammengelaufene Haufen von Interessenten oder an der Zeit irre gewordene Menschen seien. Dies war es, was seinen Reden den besonderen Akzent gab, je nachdem, nach welcher Seite er sich wandte, und es wäre völlig verkehrt, in dem einen Fall von übelwollender Kritiksucht und im andern von Kritiklosigkeit zu sprechen.

Diese innere Verwandtschaft mit den großen Moralisten hat es wohl mit sich gebracht, daß sein Vokabular dem ihrigen so oft gleicht und daß sein Stil, wie der ihrige, so oft dem der Medaille ähnelt. In der Tat haben manche seiner Worte in ihrer rund eingeschlossenen Umrissenheit den politischen Stoff ebenso geprägt wie der Prägehammer des Medailleurs das Metall. Es sind ihm dabei Prägungen von solcher Vollkommenheit gelungen, daß sie heute wie Münzen harter Währung umlaufen, ohne daß man, wie auch bei diesen, den Münzmeister zu nennen brauchte, um ihnen Kurs zu verschaffen.

Dies hat der Wirkung seiner Rede auf die Massen keinen Abbruch getan. Dieser Mann, der sich nie herabgelassen hat zu simplifizieren, hat die aufmerksamsten Zuhörer gefunden, die sich ein Redner, dem es darauf ankommt, zu überzeugen statt zu überreden, nur wünschen könnte. Gerade das »Schwierige« an seinen Beweisführungen und Analysen war es, was die Zuhörer anzog, denn sie spürten aus Einsicht und Instinkt, daß hier kein Demagoge sprach, sondern daß hier ein Sorgender und Wissender mit der Umsicht des Ingenieurs, der um die Notwendigkeiten so gut Bescheid weiß wie um das Fördernde und Hindernde der Umstände, das politische Gelände »aufnahm« und die Ziele und die Wege vermaß, die sie vor dem Verhängnis der Zeit retten konnten. Wie oft habe ich nach Kundgebungen, auf denen er gesprochen hatte, die Leute sagen hören: nun wüßten sie, wohin sie gehörten; jetzt sei ihnen ihr Standort offenbar geworden und wüßten sie, was sein müsse und sein könne und was nicht sein dürfe und nicht sein brauche. Wenn es nicht so gewesen wäre, wenn das Volk in ihm nicht den Mentor gesehen hätte, wie wäre dann sonst das Trauerspalier der Namenlosen zu erklären, das sich von Bonn bis Hannover erstreckte?

Reden war für Kurt Schumacher nie ein Dozieren vom Katheder herab. Auch dort, wo er die Grundlagen seiner politischen Anschauungen entwickelte, stellte er sich wie zu einem Gefecht. Sprach er zu Menschen, die bereit waren, sich seinen Argumenten zu öffnen, dann schuf er sich die dialektische Gegenposition selbst, indem er die Thesen und Standorte der Gegenseite in seiner Rede lebendig werden ließ und den eigenen entgegenstellte. Sprach er aber, etwa im Parlament, vor einem Publikum, das ihm feindselig gegenübersaß, da fühlte er sich erst recht in seinem Element. Je mehr Zwischenrufe kamen, um so reicher wurde seine Rede und um so konzentrierter seine Gedankenführung, so wie ein überlegener Fechter sich im Grund erst durch die Angriffe seines Gegners veranlaßt sieht, sich zu »versammeln«. Er hat niemandem die Schärfe eines Zwischenrufes oder eines Angriffes übelgenommen, was er nicht verzieh, war das Unterschreiten des von der Sache her gebotenen Niveaus. Während er Zwischenrufe von sachlichem Gehalt parierte, erläuternd und, die Perspektiven ausweitend, beantwortete – oft mit dem deutlichen Bestreben, gerade durch die Bravour seiner Entgegnung einem Gegner von Rang seinen Respekt zu erweisen –, schlug er bei Zwischenrufen, deren Dürftigkeit ihn erbitterte, einfach zu.

Seit ihm das Bein amputiert worden war, sprach Kurt Schumacher so gut wie immer im Sitzen. Doch auch in dieser Haltung blieb er der Fechter, als der er mir bei der ersten Begegnung vor drei Jahrzehnten erschienen war, ja, es schien sogar, als sei seine Gebärde noch intensiver, noch ausdrucksvoller, noch lebendiger, noch mehr Sichtbarmachung des im Worte Gesagten geworden. Wie diese Hand sprechen konnte! Vorschnellend wie ein Rapier; breit von rechts nach links ausfahrend, als reiße sie einen Schleier auf; die Finger schmal aneinandergelegt, als gelte es eine subtile Operation; oder umgekehrt: die Finger weit ausspreizend wie die Glieder eines Fächers, als gelte es, ein Netz zu sprengen – immer bewegte sich diese Hand nach dem Gesetz der Flamme, die diesen mächtigen Geist verzehrte. Die Stimme aber hat bis zum bitteren Ende ihren aufrüttelnden und zusammenzwingenden Klang behalten, diesen Klang, der mich vom ersten Male ab, da ich ihn vernahm, mehr an die bannende helle Nüchternheit des Signalhorns erinnert hat, das zum Sammeln und zum Vorrücken bläst, als an die schmetternde Fanfare.

# TEXTNACHWEISE

Die hier angegebenen Texte wurden teils erweitert, teils gekürzt und auch im Titel verändert.

*Politik und Geist.*
Vortrag an der Hochschule für Politik in Athen, 20.3.1952. Enthalten in dem Sammelband: Politik und Geist. Stuttgart 1961.

*Das Problem der Macht in der Demokratie.*
Rundfunkvortrag in der Reihe »Kommunismus und Demokratie«, Sender Freies Berlin, 13.6.1960. Enthalten in dem Sammelband: Politik und Geist. Stuttgart 1961.

*Freundschaft ohne Mythos.*
Vortrag in der Sendereihe »Auf der Suche nach Frankreich« des Süddeutschen Rundfunks, Stuttgart, am 7.9.1963. Enthalten in: Horst Lehner (Hg.): Auf der Suche nach Frankreich. Der Nachbar im Westen und die deutsche Kultur. Herrenalb 1963.

*Der europäische Mensch.*
Vortrag im Auditorium Maximum der Eidgenössischen Technischen Hochschule Zürich, am 3.11.1959. Erstveröffentlichung als Geleitwort in: Thomas Raeber (Hg.): Europa. Was wir sind – wo wir stehen – wohin wir gehen. Zürich 1960.

*Machiavelli.*
Beitrag zu: Große Geschichtsdenker. Ein Zyklus Tübinger Vorlesungen. Tübingen 1949.

*Heinrich Heine.*
Rede anläßlich des hundertsten Todestages Heinrich Heines in der Frankfurter Paulskirche. Erschienen in: Denk ich an Deutschland in der Nacht. Berlin 1956.

*Ferdinand Lassalle.*
Aus: Archiv für Sozialgeschichte. Bd. III. Hannover 1963.

*Kurt Schumacher als Redner.*
Einleitung zu: Kurt Schumacher: Turmwächter der Demokratie. Ein Lebensbild von Kurt Schumacher. Bd. II, »Reden und Schriften«. Berlin 1953.

# BILDNACHWEISE

Seite 13: Carlo Schmid am Rednerpult im Deutschen Bundestag, März 1958. Archiv der sozialen Demokratie, Bonn.

Seite 41: Carlo Schmid, Portrait ca. 1970/71. Archiv der sozialen Demokratie, Bonn. Foto: J. H. Darchinger, Bonn.

Seite 51: Carlo Schmid und Konrad Adenauer, 1.1.1955. Archiv der sozialen Demokratie, Bonn. Foto: dpa.

Seite 75: Carlo Schmid. Foto aus Privatbesitz.

Seite 101: Wahlplakat 1953. Stadtarchiv Mannheim, Plakatsammlung, Nr. 1276.

Seite 121: Carlo Schmid. Foto: Südena, Baden-Baden.

Seite 141: Karikatur aus der Stuttgarter Zeitung vom 31.10.1953.

Seite 169: Carlo Schmid. Foto aus Privatbesitz.

*Die Deutsche Bibliothek – CIP-Einheitsaufnahme*
Ein Titeldatensatz für diese Publikation
ist bei Der Deutschen Bibliothek erhältlich.

ISBN 3-421-05714-1

*Herausgeber und Verlag bedanken sich bei der Hans Böckler Stiftung für die großzügige Förderung des Buches.*



Umschlaggestaltung: Christiane Hemmerich
Konzeption und Gestaltung, Tübingen, unter Verwendung
einer Photographie von Manfred Grohe, Tübingen.
Herstellung und Satz: niemeyers satz, Tübingen.
Druck: Gulde-Druck, Tübingen.